"Je ne te tuerai pas, mais je n'ai pas à te sauver."

Extrait du film Batman

COMMUNICATION ASSERTIVE

Stratégies et techniques pratiques de communication non violente et efficace pour créer des relations heureuses et sans anxiété au travail et dans la vie privée.

Federica Ugolini

© Copyright 2022 Federica Ugolini - Tous droits réservés
Copyright e Disclaimer

Le contenu de ce livre ne peut être reproduit, dupliqué ou transmis sans l'autorisation écrite de l'auteur.

En aucun cas, l'auteur ne pourra être tenu responsable de tout dommage ou perte, monétaire ou autre, résultant des informations contenues dans ce texte, qu'il soit direct ou indirect.

Il est possible d'utiliser le contenu de ce texte dans des situations de formation de groupe (dans des entreprises, des organisations, des écoles, des cours de formation) à condition que CHAQUE participant ait acheté le texte directement auprès de la source dans l'un des formats disponibles (Ebook, kindle ou livre de poche).

SOMMAIRE

INTRODUCTION 1

CAPITOLE 1: UNE DEFINITION D'ASSERTIVITE 3

CAPITOLE 2: LES CONTEXTES DE L'ASSERTIVITE 5

CAPITOLE 3: AVANT DE COMMENCER – TEST 9

Analyse de mon style de communication / relations 9

CAPITOLE 4: LES STYLES DE COMMUNICATION 13

Les trois principaux styles de communication 14

Des personnes ou des styles ? 14

CAPITOLE 5: LE STYLE DE COMMUNICATION PASSIVE 15

Comportement typique de la personne passive 15

L'esprit de la personne passive 16

Les expressions typiques du style de communication passive 16

Les consequences su style passif 16

Attitude non verbale typique de la personne passive 17

CAPITOLE 6: LE STYLE DE COMMUNICATION AGRESSIF 19

Comportement typique de la personne agressive 19

L'esprit de la personne agressive 20

Expressions typiques d'un style de communication agressif 20

Les effets du style agressif 21

Attitude non verbale typique de l'agressif 21

CAPITOLE 7: LE STYLE DE COMMUNICATION ASSERTIF 23
Le langage verbal dans l'assertivite 23
Consequences du style assertif 24
Attitude non verbale typique de la personne assertive 24
Assertivite : une autre tentative de definition 24
Les elements de base de l'assertivite 25

CAPITOLE 8: ANALYSE DU TEST INITIAL 27

CAPITOLE 9: BON OU MAUVAIS ? 33

CAPITOLE 10: STRATEGIES DE COMMUNICATION ASSERTIVE 35
Quelques techniques caracteristiques de la communication assertive 35
Le je-message 36

CAPITOLE 11: PROMOUVOIR L'ECOUTE ACTIVE : LES 7 CLES 39
Les 5 grands obstacles a l'ecoute active 42

CAPITOLE 12: TIMING ET VALIDATION : LES ARMES SECRETES DE L'AFFIRMATION DE SOI 45
Bon moment ou timing 45
La validation : "Tu es OK" 46

CAPITOLE 13: LES 7 TECHNIQUES DE DEFENSE DE LA COMMUNICATION 47

CAPITOLE 14: RECONNAITRE LES 3 STYLES 55
exercice 55

CAPITOLE 15: TRANSFORMEZ LES PHRASES EN STYLE ASSERTIF 63

CAPITOLE 16: LA "PERSONNE ASSERTIVE" 69

CAPITOLE 17: L'ASSERTIVITE DANS LA PRATIQUE : CE QU'IL FAUT DIRE ET FAIRE, ETAPE PAR ETAPE 71
Faire une requete 72
Exprimer des idees, des opinions 72
Refuser une requete 73
Donner une critique constructive 74
Recevoir une critique 75
Se proteger de l'ingerence d'autrui 76

CAPITOLE 18: NOUS DEVONS TOUJOURS ETRE ASSERTIFS ? 79

CAPITOLE 19: PASSIF-AGRESSIF : VOTRE TEST LE PLUS DIFFICILE 81

    Comment interagir avec les personnes passives-agressives.. 84

CAPITOLE 20: L'AFFIRMATION DE SOI EST L'ESTIME DE SOI 91

CONCLUSIONS 93

INTRODUCTION

La première fois que j'ai entendu parler de la communication assertive, j'étais à l'université. Je n'exagère pas quand je dis que cela ressemblait vraiment à une révolution. Il y avait un moyen de dire aux autres ce que l'on pense, et aussi de dire "NON", sans blesser personne : incroyable ! Moi qui, bien que n'ayant jamais été timide, m'étais souvent retrouvé en difficulté et tout aussi souvent avais décidé de me taire, j'avais enfin trouvé une porte de sortie ! Mais cela ne s'arrêtait pas là, toutes ces connaissances théoriques et stratégies liées à la communication assertive avaient aussi le pouvoir de me faire sentir mieux : plus sereine, plus sûre, plus en paix.

Cette connaissance était si importante que j'ai décidé très tôt dans ma carrière de psychologue et de formateur que je me consacrerais corps et âme à ces enseignements. Depuis plus de 15 ans, en effet, je travaille dans le domaine de la psychologie du travail, du conseil aux entreprises, de l'orientation et de la formation, et chaque fois que je transmets des enseignements sur ce type de communication efficace en classe, en studio ou en ligne, je vois des vies littéralement changer. Les personnes étonnées et heureuses me demandent souvent pourquoi ces principes ne sont pas enseignés dans les écoles et/ou sur les lieux de travail et pourquoi ces techniques ne sont pas formées. Malheureusement, je n'ai pas de réponse à cette question, ce que je peux dire, avec joie, c'est que ces aspects ne sont pas toujours négligés, au contraire, il y a des écoles et des entreprises qui donnent beaucoup d'importance à ces questions et les résultats sont visibles !

Pour de nombreuses personnes, l'apprentissage de l'affirmation de soi peut nécessiter un certain entraînement. Il est important de lire et relire les concepts plusieurs fois et, surtout, de faire tous les exercices.

Cette publication fait partie de la série "*Les psycho instructions de Federica Ugolini*" et a été créée dans le but de fournir des informations pratiques et efficaces, ainsi qu'un contenu qui va droit au but. Vous y trouverez de très brèves références théoriques, quelques exercices (pas trop nombreux car je sais que beaucoup, au cours d'une lecture, peuvent être fastidieux), de nombreux exemples et surtout les indications pratiques indispensables pour commencer à agir immédiatement.

En achetant cette publication, qui fait partie des "*Les psycho instructions de Federica Ugolini*", vous avez contribué non seulement à votre bien-être et à votre évolution personnelle et professionnelle, mais aussi à celle des créatures qui ont besoin de notre aide (même si elles ne savent pas lire). <u>10% des recettes seront en effet reversées à des œuvres caritatives</u>. Vous pouvez suivre ce qui sera réalisé sur mes canaux sociaux

CAPITOLE 1:

UNE DEFINITION D'ASSERTIVITE

L'assertivité est généralement comprise comme la capacité d'une certaine personne à communiquer et à entrer en relation avec les autres de manière authentique et transparente, en se faisant respecter, en rendant explicites ses expériences, ses états émotionnels et ses besoins et, en même temps, en évitant de les offenser ou de les blesser.

J'ai choisi la phrase d'ouverture du film Batman "Je ne te tuerai pas, mais je n'ai pas à te sauver" parce que, à mon avis, elle est emblématique d'une position équilibrée dans les relations avec les autres qui, apparemment, peut être considérée comme acquise, mais qui, en fait, ne l'est pas.

En raison des insécurités et des innombrables apprentissages et conditionnements que nous portons (souvent de manière inconsciente), il est courant de se sentir en position d'intimider les autres, en pensant qu'il s'agit d'un acte de survie ou, au contraire, que nous devons les aider, même au prix du sacrifice de nos propres besoins et de notre dignité. Cultiver l'assertivité, en revanche, nous permettra naturellement de ne pas brutaliser ou blesser qui que ce soit ("Je ne te tuerai pas") et, en même temps, de ne pas nous sentir obligés de faire pour les autres des choses que nous n'avons pas envie de faire ("Je n'ai pas à te sauver").

L'assertivité, si l'on veut la définir de manière plus structurée, est la compétence relationnelle qui permet aux personnes de reconnaître leurs émotions et leurs besoins et de les communiquer aux autres avec calme, tout en maintenant une relation positive avec eux. Il s'agit de l'expression légitime de ses propres droits, intérêts, sentiments et convictions, tout en évitant la violation ou la négation des droits d'autrui [Galeazzi et Porzionato, 98].

S'affirmer ne signifie pas seulement changer sa façon de communiquer. Ce n'est pas un hasard si l'affirmation de soi est désignée par le terme "être" et pas seulement par le terme "faire".

L'affirmation de soi devient, avec l'expérience, un mode de vie qui nous permet d'apporter (ou de ramener) l'harmonie et la sérénité dans notre vie quotidienne, non seulement dans nos relations avec les autres mais aussi et surtout dans notre relation la plus importante avec nous-mêmes.

En général, les personnes qui ne s'affirment pas sont des personnes qui n'ont pas une bonne estime d'elles-mêmes et ne se sentent pas à l'aise avec elles-mêmes, ce qui fait d'elles d'éternelles prévaricatrices dans leurs relations avec les autres. Il existe d'innombrables problèmes, tant internes que relationnels, qui découlent de ces comportements, tout comme il existe d'innombrables cercles vicieux que ces comportements déclenchent.

La bonne nouvelle, c'est qu'il existe un moyen de sortir de ces impasses et de retrouver l'équilibre et la confiance, tant au niveau interne que dans les relations quotidiennes. Le plus étonnant est qu'avec la connaissance de ces théories et un peu de pratique et d'entraînement, tout peut se dérouler de manière incroyablement spontanée, progressive et naturelle. Il s'agit, comme souvent dans la vie, de se lancer.

Il ne me reste plus qu'à vous souhaiter un bon départ et de profiter au plus vite des fruits de ce processus de changement.

CAPITOLE 2:

LES CONTEXTES DE L'ASSERTIVITE

Ce qui pousse une personne à vouloir rendre sa communication plus efficace est souvent le désir d'améliorer sa relation avec elle-même et avec les autres. Souvent, ce désir découle d'un problème, de situations désagréables au travail, dans la famille ou avec des amis. Il s'agit d'un processus de changement qui, comme d'autres, commence et est soutenu par une motivation jugée importante par ceux qui le mettent en œuvre. C'est la même chose qui arrive, par exemple, à ceux qui veulent perdre du poids et qui, dans de nombreux cas, sont poussés par un problème de santé ou un problème de perception de leur corps, qui devient en quelque sorte une situation problématique, source de souffrance, qu'ils veulent régler.

Nombreuses sont les personnes qui, à un moment donné de leur vie, ressentent le besoin d'améliorer leurs compétences en matière de communication. Après tout, si nous y réfléchissons un instant, quels domaines de la vie ont le plus grand pouvoir de nous faire sentir bien ou mal ? Certainement **des relations**. Lorsque nos relations avec nos partenaires, nos enfants ou nos parents sont marquées par des tensions et des malentendus, tout en pâtit. Lorsque nous nous sentons mis à l'écart, sous-évalués ou même opposés au travail, comment pouvons-nous rester calmes et ne pas vouloir nous occuper de cette situation ?

Il est parfois difficile de trouver le bon partenaire ou de maintenir une relation saine, même dans les amitiés, nous pouvons rencontrer des difficultés et des moments de froideur.

Dans la famille, en amour, dans les relations professionnelles et dans les relations avec les amis, la communication est un aspect souvent négligé mais fondamental.

Communiquer, après tout, est un concept qui peut être superposé à celui de relation. En fait, communiquer, c'est entrer en contact, envoyer des messages et recevoir des réactions, c'est "partager" des informations, des émotions et des significations. La relation avec quelqu'un présuppose des échanges communicatifs, et il ne peut y avoir de forme de relation sans communication. En effet, quel type de relation puis-je construire avec une personne avec laquelle je n'ai jamais parlé, avec laquelle je n'ai jamais échangé de message, même pas à distance (par le biais d'un billet papier, d'un e-mail, d'un chat, d'un commentaire sur un réseau social...) et avec laquelle je n'ai même pas échangé un regard ?

À l'époque de nos ancêtres, les garçons et les filles ne se rencontraient pas au centre-ville, dans les discothèques, les pubs, les bars ou les écoles comme c'est le cas aujourd'hui. Il y avait des environnements strictement masculins et féminins, et les jeunes gens tombaient souvent amoureux en se jetant des regards furtifs dans l'église pendant la messe, qui était l'un des rares moments où les hommes et les femmes n'étaient pas séparés. Un regard est-il donc un signal de communication ? Bien sûr qu'elle l'est ! Il s'agit d'un signal "non verbal", c'est-à-dire qui ne présuppose pas l'utilisation de mots significatifs, mais il s'agit en tout cas d'un acte de communication, capable en fait de créer, comme nous avons pu le comprendre, une certaine forme de relation. Et, en passant nécessairement par ces signaux communicatifs, verbaux et non verbaux (nous ne pouvons toujours pas communiquer par télépathie !), nous créons et cultivons chaque jour nos relations, qui sont inévitablement affectées par la manière dont nous parvenons à transmettre des informations, des idées et des sentiments. C'est pourquoi il est important d'apprendre à communiquer efficacement, car c'est en communiquant que nous créons et entretenons nos relations.

Acquérir des compétences en communication, c'est donc acquérir des compétences relationnelles qui seront utiles à tous les niveaux, tant dans la vie privée que professionnelle.

Ces compétences ne sont pas considérées comme acquises, nous pouvons être des "bonnes personnes" (quoi que cela veuille dire). Nous pouvons être des "gens bien" (quel que soit le sens que nous donnons à cette définition) mais, dans nos relations avec les autres, la MANIÈRE dont nous sommes ou ne sommes pas capables de communiquer aura toujours un grand poids et, si nous ne voulons pas continuer à accumuler les problèmes, les malentendus, l'anxiété et l'amertume, nous pouvons apprendre à le faire différemment. Nous pouvons apprendre, quel que soit notre "caractère" et ce que nous nous sommes dit sur qui nous sommes et comment nous serons toujours.

Nous pouvons nous transformer tout en restant fidèles à nous-mêmes, ou plutôt, en créant les conditions qui permettent à la partie la plus profonde et la plus vraie de nous-mêmes d'émerger, indépendamment de nos peurs. Nous pouvons devenir ce que nous voulons être et nous comporter comme nous voudrions nous comporter. Souvent, nous ne communiquons pas nos besoins aux autres par peur du rejet ou par orgueil, tout comme nous pouvons devenir brusques et agressifs à cause de la douleur que nous ressentons lorsque quelqu'un refuse de satisfaire notre demande. Ces comportements aggravent la situation, nous le savons, mais nous ne sommes pas en mesure d'éviter de tomber dans les mêmes pièges à chaque fois.

Le changement que nous souhaitons peut-être mis en œuvre, il nécessite les connaissances et la formation adéquates mais, à coup sûr, "c'est possible". Bon travail !

CAPITOLE 3:

AVANT DE COMMENCER – TEST

Avant d'aborder la théorie (très brève) et la pratique de la communication assertive, il est important d'auto-évaluer notre style de communication.

Si vous reportez ce test à plus tard, lorsque vous disposerez déjà d'informations plus détaillées sur les caractéristiques des différents styles, il sera plus difficile de procéder à une analyse objective. Je vous invite donc à le faire maintenant.

Prenez un stylo et du papier et écrivez une réponse courte pour chaque question comme suit.

ANALYSE DE MON STYLE DE COMMUNICATION / RELATIONS

Voici une liste de situations de la vie quotidienne.

Essayez de réfléchir à vos réactions émotionnelles et comportementales (<u>ce que vous ressentez et faites</u>) lorsque vous êtes confronté aux situations énumérées. Écrivez sans réfléchir. N'écrivez pas comment vous pensez qu'il serait bon de réagir, écrivez simplement comment vous avez agi jusqu'à présent.

> 1 Dans la file d'attente de la caisse du supermarché, quelqu'un me dépasse sans me demander la permission.

2 Au bar, on me rend une mauvaise monnaie (à mon désavantage).

3 Un collègue de service est souvent en retard.

4 Mon partenaire me fait souvent attendre longtemps lorsque nous avons un rendez-vous.

5 J'ai prêté à un ami un objet ou un vêtement et il tarde à me le rendre.

Plus tard dans la lecture, vous recevrez des conseils sur la manière d'interpréter les résultats de votre test.

CAPITOLE 4:

LES STYLES DE COMMUNICATION

Il existe deux pôles extrêmes dans la façon dont nous communiquons et interagissons avec les autres : l'un est la **PASSIVITÉ** excessive.

Les personnes qui se comportent de manière apparemment passive s'entendent bien avec tout le monde, elles ne sont pas déséquilibrées et ne remettent jamais rien en question. Ils s'expriment à peine, évitent à tout prix la confrontation et le conflit avec les autres et se laissent souvent "bousculer". Ils ont parfois l'impression de devoir se cacher derrière des excuses ou des mensonges pour obtenir ce à quoi ils ont droit de toute façon.

L'autre extrême est celui de l'**AGGRESSIVITÉ** excessive.

Les personnes qui se comportent de manière agressive agissent ou réagissent souvent de manière abrupte, intimident les autres, les effraient et lorsque quelque chose ne répond pas à leurs attentes, elles sont les premières à s'en plaindre, même de manière dure et odieuse.

Dans certains cas, ces personnes élèvent même la voix avec arrogance et semblent prêtes à tout, même à la violence, pour atteindre leurs objectifs. Ils "marchent souvent sur les pieds des autres".

Il est évident qu'aucun de ces deux extrêmes n'est un moyen efficace de cultiver de **bonnes relations avec les autres** et d'obtenir en même temps des **résultats** au travail et dans la vie privée en général.

Toutefois, un équilibre peut être trouvé, car il est possible d'utiliser une façon de communiquer et de se comporter qui permet d'atteindre ces objectifs simultanément : l'**assertivité**.

Du latin *asserere* (assertiveness en anglais), le sens courant du terme "assertif" dans la langue italienne est **affirmatif**. S'affirmer, c'est aussi et surtout s'affirmer, se faire respecter et toujours prendre en compte les préférences, les opinions et les droits des autres.

Les trois principaux styles de communication

Dans les relations avec les autres, il existe donc essentiellement trois grands types de style qu'**un individu peut adopter : passif, agressif et assertif.**

"Ton" style

En général, chaque personne utilise chacun des trois styles dans sa vie quotidienne, mais il faut faire attention : celui que nous utilisons le plus fréquemment finit par constituer notre image et peut créer des difficultés ou, au contraire, être utile, dans de nombreuses situations de la vie quotidienne.

Des personnes ou des styles ?

Lorsque nous parlons d'une personne "passive", "agressive" ou "assertive", nous faisons toujours référence au mode de comportement principalement mis en œuvre par le sujet.

Il serait donc plus approprié de ne parler de "personne qui adopte majoritairement le style X", même si, par souci de synthèse, on entend souvent parler de "personne passive", etc.

CAPITOLE 5: LE STYLE DE COMMUNICATION PASSIVE

Ce style relationnel se caractérise par la présence simultanée de la **fermeture** sur soi et d'une **faible estime** de soi. Ceux qui l'adoptent ne résistent pas aux influences qu'ils subissent et, paradoxalement, se sentent plus à l'aise dans des situations plus positives et favorables pour les autres que pour eux-mêmes.

Le style passif se manifeste principalement :

- Dans le renoncement à faire valoir ses **droits**
- Dans l'inhibition de ses **opinions**
- Dans la répression de ses **sentiments**.

COMPORTEMENT TYPIQUE DE LA PERSONNE PASSIVE

Comment la personne passive se comporte-t-elle habituellement ? Nous pouvons reconnaître une personne qui se comporte de manière passive (que ce soit nous-mêmes ou une autre personne), par exemple, par ces indicateurs :

- Est uniquement (ou principalement) attentive aux autres
- Est inauthentique, renonce à être soi-même (utilise souvent des excuses et des justifications non sincères de façon excessive)
- Est très influencée et conditionnée par les autres
- Est soumise, ne s'oppose pas même dans les cas d'injustice qu'elle doit subir
- S'excuse souvent, même sans raison
- Tendance à être d'accord avec tout le monde
- Ne prend pas d'initiatives
- A une forte anxiété sociale

Il semble que les actions de la personne qui met principalement en œuvre le style passif soient principalement orientées vers le BUT d'éviter à tout prix la confrontation et le conflit.

L'ESPRIT DE LA PERSONNE PASSIVE

Quels schémas de pensée peuvent conduire une personne à adopter un comportement passif ? Voici quelques exemples de pensées qui sont typiquement présentes dans l'esprit des personnes "passives".

- Les autres sont meilleurs que moi (plus compétents, plus qualifiés, plus importants...).
- L'approbation des autres est indispensable
- C'est inutile de leur dire, ils ne m'écouteront pas de toute façon.
- Je ne suis pas à la hauteur de la situation et je ne suis pas capable de m'améliorer.
- Si je commets une erreur, je ne vaux rien.
- Si je dis ce que je pense, je vais offenser quelqu'un (et le perdre).
- Mieux vaut laisser faire
- Si je dis non, les autres me rejetteront
- Si je montre que je suis bon, ils vont m'envier et m'exclure.

LES EXPRESSIONS TYPIQUES DU STYLE DE COMMUNICATION PASSIVE

Dans ses communications quotidiennes, on peut trouver des phrases similaires à celles ci-dessous, ou du moins de sens similaire.

- Je ne veux pas risquer de l'offenser.
- Tout va bien (même s'il ne le pense pas).
- Si je dis tout, je pense qu'il va s'énerver.
- Je ne peux pas dire non.
- Nous verrons ce qui se passe
- Peu importe, c'est la même chose pour moi (même si ce n'est pas le cas).
- Vous décidez, comme vous l'aimez...
- C'est toi qui es le meilleur dans ce domaine...

LES CONSEQUENCES SU STYLE PASSIF

Que fait le comportement passif à ceux qui l'adoptent ? Pour comprendre pourquoi le style de communication passif n'est pas le plus utile à adopter dans la vie quotidienne, il suffit de prêter attention aux humeurs et aux conséquences qu'il provoque chez la personne qui l'adopte.

Voici quelques-uns des éléments qui sont souvent associés à la mise en œuvre de comportements passifs :

- Anxiété
- Frustration
- Inhibition
- (En outre) baisse de l'estime de soi
- Mortification de sa propre dignité
- Culpabilité (envers soi-même)
- Colère, souvent non exprimée, envers l'autre personne qui ne répond pas à ses attentes (souvent aussi non exprimée).
- Malaise / mécontentement face au non-respect de son monde intérieur.

À la longue, la personne passive qui ne s'exprime pas, de peur d'affecter les relations qu'elle vit, finit par réaliser cette même prophétie. Ce qui se passe souvent, en effet, c'est que le sujet, en n'exprimant pas ses préférences et en subissant en fait le comportement des autres, se retrouve à créer des relations dans lesquelles il ne se sent pas respecté et reconnu. De cette façon, il refuse à l'autre personne la possibilité d'accepter ses besoins et, le plus souvent, il finit par se sentir mal à l'aise dans la relation et par vouloir la quitter. En revanche, si, par exemple, le partenaire ne connaît pas notre préférence pour la mer, la montagne ou autre chose, comment pourra-t-il nous satisfaire ? Si notre employeur ne sait pas que nous n'aimons pas les tâches qu'il nous a confiées, comment va-t-il se débarrasser de nous ?

Attitude non verbale typique de la personne passive

Nous pouvons reconnaître une personne qui adopte principalement le style de communication passif également à sa façon de se déplacer parmi les autres, à son regard, à sa posture et à la façon dont elle utilise sa voix.

En exagérant, il peut être utile de penser à Fantozzi, le personnage légendaire créé par le génie créatif de Paolo Villaggio. Le comptable Ugo Fantozzi, habilement interprété par Villaggio lui-même, est l'incarnation du "passif", celui qui subit tout type de harcèlement, notamment dans le cadre du travail. Il va sans dire que, normalement, nous trouvons des attitudes passives beaucoup plus nuancées et moins évidentes. La figure de Fantozzi, en tout cas, peut nous aider à comprendre brièvement certaines manifestations de ce style relationnel.

Il est également intéressant de noter que Fantozzi change d'attitude à la maison, ce qui montre clairement que, dans certains cas, "passif" ou "agressif" peuvent être les deux faces d'une même médaille, qui est souvent basée sur l'insécurité.

Voici quelques indicateurs non verbaux de la présence d'un style de communication passif :

- Regard bas, absence de contact visuel
- Posture courbée, signaux non-verbaux de fermeture
- Démarche lente et instable
- Voix basse, ton de voix peu sûr et faible, hésitations, pauses, etc.

CAPITOLE 6:

LE STYLE DE COMMUNICATION AGRESSIF

Le comportement agressif semble (pas nécessairement toujours) nettement égoïste et vise exclusivement à satisfaire ses propres besoins, sans considération pour les autres.

Les personnes qui se comportent de manière agressive essaient souvent de dominer les autres, en les utilisant comme des "moyens" pour parvenir à leurs propres fins, sans tenir compte de leurs émotions et de leurs besoins. Il n'est pas rare que la personne "agressive" utilise des méthodes brutales, voire violentes, pour tenter d'atteindre ses objectifs.

Comme vous pouvez l'imaginer, il est très difficile de créer des relations solides et sereines à partir de ces prémisses, tout comme il est difficile à long terme que les relations basées sur la soumission et la peur durent dans le temps et permettent à ceux qui adoptent ces comportements d'atteindre leurs objectifs de manière durable.

COMPORTEMENT TYPIQUE DE LA PERSONNE AGRESSIVE

Comment se comporte une personne agressive ? Nous pouvons reconnaître une personne qui se comporte de manière agressive (que ce soit nous-mêmes ou une autre personne), par exemple par les indicateurs suivants :

- Est uniquement centré sur lui-même
- Ne respecte pas les idées, les opinions et les sentiments des autres.
- Pas vraiment intéressé à écouter les autres
- Prévaloir sur les autres
- Utilise des méthodes coercitives
- Monte le ton et perd facilement patience
- Dévalorisation

- Généralités
- Juges/étiquettes
- Ne montre pas d'empathie

Il semble que les actions de la personne qui adopte principalement le style agressif soient principalement orientées vers l'OBJECTIF d'atteindre ses propres objectifs et de consolider son pouvoir sans considération pour "l'autre". Dans de nombreux cas, les "agresseurs" essaient, inconsciemment, de se protéger de ce qu'ils perçoivent comme des attaques personnelles, se sentent facilement attaqués et discrédités, et ont donc tendance à essayer de s'imposer, à agir et à réagir avec force, ce qui a souvent des effets contre-productifs.

L'ESPRIT DE LA PERSONNE AGRESSIVE

Quels schémas de pensée peuvent conduire une personne à adopter un comportement agressif ?

Voici, à titre d'exemple, quelques pensées qui peuvent être typiquement présentes dans l'esprit des personnes "agressives" et qui favorisent leurs manifestations :

- Les choses DOIVENT se passer d'une certaine manière
- Les autres sont inférieurs à moi (je vaux plus que les autres)
- Je n'ai besoin de personne
- Quand j'ai des besoins, les autres doivent les satisfaire
- Les autres sont des ennemis, la meilleure défense est l'attaque
- Je veux gagner
- Des mains fortes sont le meilleur moyen d'arriver à quelque chose
- Les autres ne doivent pas me déranger et doivent faire ce que je dis.
- - Après s'être défoulé, on se sent mieux
- - Si l'autre personne a tort, cela signifie qu'elle est la mauvaise personne.
- - J'ai raison.

EXPRESSIONS TYPIQUES D'UN STYLE DE COMMUNICATION AGRESSIF

Dans les communications que la personne au style agressif dominant effectue au quotidien, on peut trouver des phrases similaires aux suivantes ou du moins ayant un sens similaire.

- J'exige que cela soit fait de cette façon (ordres)

- Vous êtes ... vous faites ... (phrases à la deuxième personne "pointant du doigt" l'autre personne, accusant)
- Vous avez toujours tort (généralisations)
- Laisser faire, c'est comme ça (dévaluations)
- Vous n'êtes pas capable (dévalorisations)
- Vous êtes... incompétent / irresponsable etc. (étiquettes).

LES EFFETS DU STYLE AGRESSIF

Quelles sont les causes du comportement agressif (quels en sont les effets) ? En ce qui concerne le style de communication agressif, les raisons pour lesquelles il n'est pas celui qui est adopté le plus fréquemment sont assez évidentes.

Voici quelques-uns des effets que peut avoir un comportement agressif :

- Culpabilité, insatisfaction (chez l'adoptant)
- Colère et hostilité chez les autres (ceux qui sont soumis à une attitude agressive peuvent se mettre en colère et avoir du ressentiment envers l'auteur)
- Humiliation et mépris des autres (ceux qui sont "maltraités" se sentent méprisés et humiliés).
- Mortification de la dignité d'autrui
- Climat de tension, de méfiance et de frustration
- Isolement (l'"agresseur" à tendance à s'isoler, les gens autour de lui ont tendance à l'éviter).

ATTITUDE NON VERBALE TYPIQUE DE L'AGRESSIF

Même dans le cas du style agressif, nous pouvons également reconnaître une personne qui adopte principalement ce style de communication à sa façon de se déplacer autour d'elle, à son regard, à sa posture et à la façon dont elle utilise sa voix.

- Regard descendant, contact visuel difficile
- Posture droite et rigide
- Trébuchement rapide
- Voix forte, cris, ton dur de la voix, etc.

Là encore, le fait de penser à certains personnages de films comme, par exemple, la directrice Miranda dans le célèbre film "Le Diable s'habille en Prada", nous aide à comprendre et à reconnaître plus facilement qui adopte ce style.

Il est également intéressant de voir que dans certains passages, il n'y a pas de cris, d'insultes, etc., mais souvent le manque d'empathie se manifeste sur des tons peu frappants, tout comme dans de nombreux cas que nous pouvons trouver dans notre mémoire et dans la vie de tous les jours, comme peut-être dans le cas de tel ou tel professeur que nous avons eu à l'école.

CAPITOLE 7:

LE STYLE DE COMMUNICATION ASSERTIF

Le comportement de la personne adoptant le style assertif est ouvert et flexible, permettant à ses propres propositions, idées et opinions et à celles des autres d'émerger et d'être respectées.

Ce style relationnel privilégie les relations matures basées sur la confrontation mutuelle et capables de favoriser la croissance et l'évolution des personnes impliquées.

La personne assertive exprime ses opinions de manière calme et sincère, reconnaît ses ressources et ses limites, se remet en question lorsque cela est nécessaire et donne de l'espace pour exprimer ses sentiments sans se laisser submerger par les émotions.

LE LANGAGE VERBAL DANS L'ASSERTIVITE

L'assertivité s'exprime dans des phrases telles que :

- Si je comprends bien...
- Que proposez-vous ?
- Nous pourrions...
- Pourriez-vous me donner plus d'informations ?
- Merci pour le compliment, j'en suis très heureux.
- Comment pouvons-nous résoudre ce problème ?
- J'aime le travail que vous avez fait.
- Je pense que...

- Qu'en pensez-vous ?

- Je me suis sentie ___ quand tu ___ (message je)

CONSEQUENCES DU STYLE ASSERTIF

Qu'est-ce qui provoque un comportement assertif chez l'adoptant ? S'affirmer vous permet d'avoir une vie paisible, épanouissante et heureuse, car l'équilibre et le respect sont les caractéristiques dominantes de toute manifestation communicative. Voyons en détail ce que le comportement assertif apporte :

- Indépendance
- Le bien-être (pour soi et pour les autres)
- Valoriser sa propre dignité et celle des autres
- Gratification
- Sérénité
- Satisfaction
- Sécurité
- Une estime de soi supplémentaire (accrue)

ATTITUDE NON VERBALE TYPIQUE DE LA PERSONNE ASSERTIVE

- Confiance, sincérité, regard ouvert, contact visuel non invasif, souris.
- Posture droite mais non rigide, ouverte
- Un ton de voix calme et posé
- Manière décontractée, etc.

ASSERTIVITE : UNE AUTRE TENTATIVE DE DEFINITION

"L'assertivité est la capacité du sujet à utiliser, dans tout contexte relationnel, des modes de communication qui rendent hautement probables les réactions positives de l'environnement et annulent ou réduisent la possibilité de réactions négatives."

Libet et Lewinsohn (1973)

Cela signifie que l'utilisation d'un style de communication assertif maximise les chances de réactions positives de la part des autres et réduit les chances de réactions négatives de la part des interlocuteurs (offenser, se mettre en colère, etc.)

LES ELEMENTS DE BASE DE L'ASSERTIVITE

Voici quelques éléments de base qui caractérisent un comportement assertif.

- L'affirmation de soi, c'est-à-dire l'expression, sans crainte excessive, de ses idées, sentiments et opinions
- L'engagement à résoudre les situations et les problèmes de manière positive pour toutes les parties concernées.
- Confiance et détermination à atteindre ses objectifs
- La conscience de ses propres "limites" (ne pas se laisser submerger par les interférences et les demandes excessives des autres).
- La responsabilité
- Le respecter les choix des autres
- L'empathie et capacité d'écoute.

CAPITOLE 8:

ANALYSE DU TEST INITIAL

Maintenant que nous avons analysé les trois styles de communication, il est temps d'essayer d'interpréter les réponses à votre test initial.

N'oubliez pas que le but de ce test est d'essayer d'évaluer, de la manière la plus objective possible, quel style de communication vous adoptez principalement.

Il est donc important d'essayer d'être objectif et de ne pas écrire "comment il serait bon de se comporter" mais simplement comment vous vous êtes comporté jusqu'à présent.

Si vous vous rendez compte que vous avez écrit quelque chose de trop "rationnel" et irrespectueux de votre routine actuelle, veuillez apporter quelques corrections avant de poursuivre la lecture.

1 Dans la file d'attente de la caisse du supermarché, quelqu'un me dépasse sans me demander la permission.

Si vous avez répondu que vous ne dites habituellement rien, que vous faites semblant de ne rien dire ou que vous soufflez mais d'une manière qui n'est pas clairement perceptible par la personne concernée, vous pouvez marquer "PASSIF", de même que si vous dites habituellement "Allez-y" même si vous ne pensez pas que c'est bien et ainsi de suite. Vous avez répondu de manière AGGRESSIVE dans tous les cas où vous vous êtes adressé de manière abrupte (à la fois verbalement et non verbalement) à ceux qui étaient vraisemblablement en train de sauter la file d'attente avec des phrases telles que "Hé, où croyez-vous aller ?", "Qu'est-ce que vous croyez qu'on fait la queue pour laisser passer des gens intelligents comme vous ?", etc.

Vous avez agi de manière ASSERTIVE dans tous les cas où : vous vous êtes renseigné sur la situation sans "attaquer" personne, vous avez demandé à la personne concernée si elle se rendait compte qu'il y avait une file d'attente, vous n'avez pas tiré de conclusions hâtives mais avez essayé de comprendre ce qui se passait, vous n'avez pas fait comme si de rien n'était en subissant passivement ce que vous pensiez être une injustice.

   2 Au bar, ils me rendent une mauvaise monnaie (à mon détriment).

Même à ce stade, si vous avez répondu que vous ne dites généralement rien, que vous faites semblant de vous en moquer, ou que vous pouffez mais d'une manière qui n'est pas clairement perceptible par la personne concernée, vous pouvez marquer "PASSIF", de même que si vous dites généralement quelque chose comme "Je pensais que... Eh bien, peu importe, merci...".

Vous avez répondu de manière AGGRESSIVE dans tous les cas où vous vous êtes adressé à la personne qui a soi-disant fait une erreur en vous rendant la monnaie de manière abrupte (à la fois verbalement et non verbalement), avec des phrases telles que "Regardez, il manque de l'argent, hein ? !", "Ça ne colle pas, et il se trouve que c'est à mon désavantage... !", etc.

Vous avez agi de manière ASSERTIVE dans tous les cas où : vous vous êtes renseigné sur la situation sans "attaquer" personne, vous avez demandé à la personne concernée si elle se rendait compte que le reste ne semblait pas correct, vous n'avez pas tiré de conclusions hâtives mais avez essayé de comprendre ce qui se passait, vous n'avez pas fait comme si de rien n'était et avez supporté passivement ce que vous pensiez être une injustice.

   3 Un collègue arrive souvent en retard.

Si vous avez répondu que vous ne dites généralement rien d'explicite, que vous faites semblant de ne rien dire ou que vous soufflez ou regardez votre montre mais d'une manière qui n'est pas clairement perceptible par la personne concernée, vous pouvez cocher "PASSIF", de même que si vous dites généralement "Bonjour, good morning" de manière enthousiaste et amicale même si cela ne correspond pas à votre humeur et que vous ne pensez pas que c'est un comportement correct, etc. Vous avez réagi de manière passive même dans les cas où vous avez attribué à des circonstances extérieures (le propriétaire, d'autres collègues, etc.) la raison pour laquelle son retard vous met mal à l'aise : "Je dis ça pour toi, si le propriétaire s'aperçoit que c'est un problème, ce n'est pas un problème pour moi...".

Vous avez répondu de manière AGGRESSIVE dans tous les cas où vous vous êtes adressé au collègue retardataire de manière abrupte (tant d'un point de vue verbal que non verbal) avec des phrases telles que "Hé, les horaires ne sont-ils pas les mêmes pour tout le monde ici ?!", etc.

Vous avez agi de manière ASSERTIVE dans tous les cas où : vous vous êtes renseigné sur la situation sans "attaquer" personne, vous avez dit à votre collègue s'il s'est rendu compte qu'il était en retard, vous n'avez pas tiré de conclusions hâtives mais avez essayé de comprendre ce qui se passait, vous n'avez pas fait comme si de rien n'était et avez supporté passivement ce que vous pensiez être une injustice mais vous ne l'avez pas non plus réprimandé car ce n'est pas votre travail. Vous auriez également pu expliquer la ou les raisons pour lesquelles son retard vous cause des problèmes ou des désagréments.

4 Mon partenaire me fait souvent attendre longtemps lorsque nous avons un rendez-vous.

Si vous avez répondu que vous ne dites généralement rien d'explicite, que vous faites semblant de ne rien dire, que vous soufflez ou que vous devenez froid d'une manière qui n'est pas clairement perceptible par la personne concernée, ou qui n'est pas explicitement liée à l'événement, vous pouvez marquer "PASSIF".

Vous avez répondu de manière AGGRESSIVE dans tous les cas où vous vous êtes adressé à votre partenaire (verbalement et non verbalement) avec des phrases telles que "Tu n'as aucun respect pour moi !", etc.

Vous avez agi de manière ASSERTIVE dans tous les cas où : vous avez vérifié ce qui se passait sans "attaquer" personne, vous avez demandé à votre partenaire s'il se rendait compte que vous avez l'impression qu'il vous fait souvent attendre longtemps lorsque vous êtes en rendez-vous, vous n'avez pas tiré de conclusions hâtives mais avez essayé de comprendre ce qui se passait, vous n'avez pas fait comme si de rien n'était et avez supporté passivement ce que vous pensiez être injuste envers vous mais vous ne l'avez pas non plus blâmé. Vous avez peut-être aussi expliqué la ou les raisons pour lesquelles son comportement vous met mal à l'aise ou vous déplaît.

5 J'ai prêté un objet ou un vêtement à un ami et il tarde à me le rendre.

Si vous avez répondu que vous avez l'habitude de ne rien dire explicitement, de faire semblant de ne rien dire du tout ou de devenir froid d'une manière qui n'est pas clairement perceptible par la personne concernée, ou qui n'est pas explicitement liée à l'événement qui a eu lieu, vous pouvez cocher "PASSIF". Vous avez également agi passivement dans des cas où vous avez dit, en mentant, que vous aviez besoin de l'objet en question de manière urgente alors que ce n'est pas le cas. C'est votre droit de récupérer quelque chose, vous n'avez pas besoin de trouver des excuses ou des justifications pour le faire.

Vous avez répondu de manière AGGRESSIVE dans tous les cas où vous vous êtes adressé à votre ami (verbalement et non verbalement) de manière abrupte avec des phrases telles que "Qu'est-ce que tu crois que tu prends mon ..., je ne suis pas stupide, je me souviens !", etc.

Vous avez agi de manière ASSERTIVE dans tous les cas où : vous vous êtes renseigné sur la situation sans "attaquer" personne, vous avez rappelé à votre ami que vous lui aviez prêté quelque chose et lui avez demandé de vous le rendre, vous n'avez pas tiré de conclusions hâtives mais avez essayé de comprendre ce qui se passait, vous n'avez pas fait comme si de rien n'était et avez supporté passivement le fait que votre objet ne vous avait pas encore été rendu mais vous n'avez pas non plus "grondé" votre ami. Il ne vous reste plus qu'à **compter**, en tenant compte du style communicatif de chacune de vos réponses, combien de fois le même style est répété. Celui qui revient le plus souvent est évidemment VOTRE style dominant.

Répondez aux questions suivantes pour stimuler votre prise de conscience des résultats du test :

- Quel est le style qui prévaut ?

- Le résultat vous surprend-il ou étiez-vous déjà conscient de ce qui en ressort ?

- Vos domaines d'amélioration semblent-ils se situer davantage dans la sphère intime et privée ou dans la sphère professionnelle et de travail ? Pourquoi pensez-vous cela ?

- Avez-vous l'impression de perdre facilement le contrôle de vos émotions et de pouvoir être agressif ?

- Avez-vous l'impression que certaines personnes (lesquelles ?) ont tendance à profiter de votre gentillesse et de votre serviabilité ?

- Vous sentez-vous coupable de "maltraiter" quelqu'un ou de sacrifier vos propres besoins pour satisfaire les autres ?

- Que pourriez-vous faire la prochaine fois pour éviter de ressentir à nouveau ces émotions ?

- Quels changements détaillés pourriez-vous et voudriez-vous apporter pour rendre votre style de communication plus utile et plus efficace ?

- Que pouvez-vous faire différemment maintenant ?

CAPITOLE 9:

BON OU MAUVAIS ?

Attribuer des étiquettes ou des évaluations moralisatrices à différents styles de comportement n'est non seulement pas utile pour nous, mais n'a pas beaucoup de sens.

Faire passer "les besoins des autres avant les siens", caractéristique de la "personne passive", par exemple, n'est généralement pas dicté par des motivations altruistes, mais souvent par un déni de ses propres besoins et une dévaluation de sa propre importance.

En quelques mots, ce type de comportement est, la plupart du temps, adopté parce qu'il représente pour la personne le "moindre mal", c'est-à-dire ce qui, même s'il ne reflète pas entièrement ses sentiments, lui fait ressentir des émotions moins désagréables (par exemple : "Je n'ai pas envie d'aller à la fête de Noël de mon voisin, j'aimerais aller à la fête d'anniversaire de Marco, mais si je n'y vais pas, que va-t-il penser de moi ?

Si ma mère savait que je n'y vais pas... La pauvre, elle est toujours seule... J'y vais').

D'autre part, les explosions de colère, par exemple, caractéristiques du style agressif, pourraient être causées par le sentiment d'être attaqué dans un aspect extrêmement délicat et vulnérable pour la personne, rien, donc, qui soit assimilable à la "malice".

De même, dans le cas d'une personne assertive, indubitablement capable de se comporter de manière mature et réfléchie, il n'y a pas lieu de parler de qualités morales, nous pouvons plutôt penser qu'elle fait preuve d'un équilibre intérieur plus profond et d'une meilleure capacité à gérer ses propres émotions que les autres personnes.

Ni "bon" ni "mauvais" alors. Chacun de nous se comporte d'une certaine manière en fonction des pulsions intérieures qu'il ressent et de l'équilibre et du niveau d'évolution et de maturité qu'il a atteint. Il ne sert donc à rien de juger les autres et de leur coller une étiquette, il est peut-être beaucoup plus utile de se limiter à les observer et à essayer de les comprendre afin de pouvoir interagir avec eux de la meilleure façon possible.

CAPITOLE 10:

STRATEGIES DE COMMUNICATION ASSERTIVE

Voyons maintenant ce que nous pouvons FAIRE pour devenir de plus en plus assertif chaque jour, afin de nous sentir de mieux en mieux dans nos relations avec ceux qui nous entourent. Commençons par analyser la communication verbale assertive. Par communication verbale, nous entendons tous les échanges communicatifs qui ont lieu grâce à l'utilisation de mots ayant un sens plein (du latin *verbum* qui signifie *mot*). Voyons ci-dessous quelles sont les astuces que nous pouvons utiliser pour rendre nos mots plus affirmés. Tout d'abord, la communication assertive contient des **phrases à la première personne** (à mon avis, pour moi, à mon avis...) dans lesquelles le sujet assume la responsabilité de ses propres pensées, sentiments, comportements et des **verbes** tels que : Je pense, je crois, je voudrais, je voudrais... **qui n'imposent pas de dogmes absolus et indiquent une ouverture** et une prise de responsabilité personnelle.

Quelques techniques caractéristiques de la communication assertive

Voici quelques techniques de communication efficaces qui peuvent nous aider immédiatement à rendre nos messages (verbaux et non verbaux) plus assertifs :

- Le "je-message" : formuler des phrases à la première personne exprimant ses propres émotions.

- Éviter les généralisations, les étiquettes, les insultes, les menaces, les jugements sur la personne, la moralisation.

- L'écoute active.

LE JE-MESSAGE

La technique du "Je-message" est une technique d'affirmation de soi qui consiste à formuler des messages à la première personne, en assumant la responsabilité de son point de vue et de ses sentiments.

En utilisant cette technique, l'orateur est capable de changer complètement l'impact que sa communication aura sur son interlocuteur.

Avez-vous déjà prononcé des phrases comme celles-ci ?

Tu me mets en colère

Vous me négligez

Tu m'inquiètes

Vous m'avez offensé

Vous ne me comprenez pas.

Quel est le résultat de ces messages ?

L'autre personne (votre collègue, votre partenaire, votre enfant, votre mère...) peut se mettre sur la défensive ou se sentir attaquée, jugée. Lorsque l'autre personne sent qu'elle est pointée du doigt, il devient difficile de dialoguer calmement.

Le ton devient dur, des malentendus et de l'anxiété apparaissent, voire la communication s'arrête.

Que peut-on donc faire pour (essayer de) ne pas provoquer de réactions négatives chez l'autre partie ?

Commencer par soi-même et utiliser des messages à la première personne, rendre explicites ses propres émotions sans accuser l'autre de les avoir provoquées.

Notez la différence :

(TU) me néglige

(Je) me sens négligé quand tu...

Dans ces cas, lorsque le mot "tu" est utilisé, l'auditeur risque de se mettre sur la défensive.

Lorsque le "je" est utilisé, l'interlocuteur, en revanche, ne peut pas contester l'état d'esprit que le locuteur exprime et dont il assume l'entière responsabilité.

QUAND UTILISER CES MESSAGES ? PAR EXEMPLE...

1 Lorsque vous voulez partager vos émotions, vos désirs, vos opinions, vos sentiments, etc. de manière claire, sincère et directe, mais sans arrogance.

2. Lorsqu'il y a de l'anxiété dans la relation, que des malentendus surgissent ou qu'il y a un besoin de clarification.

3 Lorsque l'autre personne vous critique ou voudrait vous faire sentir coupable.

4 Lorsque vous tentez de faire valoir vos droits.

LA BONNE FORMULE

Ce type de message est un outil important du style de communication assertif : vous exprimez vos pensées de manière calme et non culpabilisante (vous ne risquez pas d'être agressif) et vous vous ouvrez à l'autre personne en lui communiquant clairement ce que vous voulez et ce que vous n'avez pas apprécié (vous ne prenez pas le comportement de l'autre personne de manière passive).

LA FORMULE EXACTE À UTILISER DANS LA PRATIQUE

Voici un bref aperçu du schéma qui sera utilisé dans le "Je-message" :

Première partie

JE RESSENS... (dites à l'autre personne quelle émotion vous ressentez)

Deuxième partie

QUAND TU... (décrivez le comportement qui a déclenché cette émotion en vous)

Troisième partie

JE SOUHAITE... (dites-lui comment vous préférez qu'il se comporte)

Quatrième partie

POURQUOI... (dites-lui pourquoi son comportement est lié à ce que vous ressentez)

Exemple

1 Je suis/je me sens offensé(e)

2 quand tu m'as prévenu / tu m'as prévenu au dernier moment de ton absence

3 J'aimerais que tu me dises un peu à l'avance

4 Parce que je me sens négligé/je ne peux pas organiser autre chose (NB : évitez les jugements déguisés lorsque vous dites pourquoi, par exemple " parce que c'est irresponsable " est un jugement de toute façon).

CAPITOLE 11 :

PROMOUVOIR L'ECOUTE ACTIVE : LES 7 CLES

Par écoute active, nous entendons un type d'écoute de l'interlocuteur qui suppose **d'être empathique**, c'est-à-dire de se mettre "à la place de l'autre", de lui manifester un réel intérêt et de ne pas se contenter d'"entendre", peut-être sans même comprendre pleinement, ses paroles.

Dans l'écoute active, la personne reconnaît et essaie de comprendre le point de vue de la personne en face d'elle, en acceptant les sentiments, les idées et les motivations que l'autre personne exprime.

Pour écouter activement, il faut non seulement avoir l'intention de comprendre l'autre personne, mais aussi lui manifester cette intention de manière à créer une harmonie et un climat de confiance mutuelle.

Voici quelques comportements qui peuvent nous aider à manifester notre intention d'"écouter avec le cœur" l'autre personne.

1 <u>Être silencieux</u>

Lorsque nous nous immergeons totalement dans le récit de l'autre personne, sans nous soucier de répondre de manière adéquate, de nous défendre ou d'énoncer immédiatement notre idée ou de parler de notre expérience, nous sommes silencieux. Ce silence, s'il est accompagné de manifestations non verbales d'attention et de présence, peut envoyer des signaux d'attention et d'implication à l'autre personne.

2 Éviter les distractions

Je crois que dans notre vie, et en particulier de nos jours, nous avons tous fait et continuons à faire, presque quotidiennement, l'expérience d'avoir en face de nous des interlocuteurs "distraits". Une personne qui : ne nous regarde pas pendant que nous parlons, fait autre chose en même temps que nous parlons, fixe un point dans la pièce absorbée par d'autres pensées ou regarde l'écran de son Smartphone, communique certainement clairement qu'elle n'est pas impliquée dans la conversation. En évitant tous ces signaux, nous éviterons certainement de donner à notre interlocuteur le sentiment désagréable de ne pas être intéressé par lui et par ce qu'il nous dit.

3 Regardez l'autre personne et repérez les signaux non verbaux.

Ne pas regarder le visage ou les yeux de notre interlocuteur, ou même dans son ensemble (visage et corps), ne nous permet pas de saisir tous les éléments, qui sont très importants pour l'interprétation correcte des messages, provenant de ces canaux. Par conséquent, il est normal qu'une personne qui remarque que l'autre personne ne la regarde pas ou ne la regarde que pendant de brefs instants, ait l'impression, souvent vraie, de ne pas être importante pour la personne avec laquelle elle communique.

Pour éviter de transmettre ce sentiment désagréable, il suffit de penser à regarder votre interlocuteur, ce qui, d'ailleurs, se fera très naturellement si vous vous intéressez vraiment à lui.

4 Communiquer la compréhension

Une autre façon de faire en sorte que l'autre personne se sente "entendue" est de communiquer, par des canaux verbaux et non verbaux, notre participation et notre compréhension.

(Qui ne doivent évidemment pas être prononcés de manière distraite et mécanique mais, au contraire, avec des expressions et des méthodes cohérentes avec celles que l'autre personne exprime) et également par le biais du canal non verbal, donc en hochant la tête, en regardant l'autre personne dans les yeux, en adoptant une expression faciale similaire à la sienne, etc.

5 Paraphrasez et reformulez le contenu de la conversation pour vérifier que vous l'avez compris.

Si la personne avec laquelle nous communiquons tient un discours plutôt articulé, il peut être utile de reformuler certains passages et concepts pour vérifier, avec l'interlocuteur, si l'on a bien compris le sens de ce qu'il dit.

Cette technique est également largement utilisée dans les relations d'aide, comme la thérapie, et a la double fonction de vérifier si l'on a vraiment compris ce que l'autre personne dit, et de montrer à l'autre personne tout l'intérêt que nous lui portons.

6 Essayez de ne pas juger

Dès que je juge une certaine source (médias, personne, etc.) d'une certaine manière (fiable, peu fiable, intelligente, stupide, etc.), ma façon d'interpréter ce qui provient de cette source varie inévitablement.

Imaginons que nous soyons porteurs d'idéologies "de droite", que se passe-t-il lorsque nous lisons une nouvelle dans un journal dit "de gauche" (ou vice versa) ? Nous sommes généralement enclins à lui accorder peu de crédit, pensant déjà qu'il s'agit certainement d'une nouvelle fausse ou biaisée. Nous pensons plutôt à lire les mêmes nouvelles sans savoir de quel journal elles proviennent. Dans ce cas, nous serons probablement plus rationnels et moins influencés par notre jugement sur la source, et donc plus libres d'évaluer l'information de manière plus objective. Cela se produit également lorsque la "source" est une certaine personne que nous jugeons d'une certaine manière. Afin d'être objectifs, et donc d'être des "bons auditeurs" équilibrés, nous devons essayer d'être conscients de nos propres jugements et préjugés afin qu'ils nous influencent le moins possible.

7 Écouter avec le cœur

En général, la meilleure façon d'écouter profondément une personne et de pouvoir en même temps lui communiquer notre présence et notre proximité est d'écouter avec le cœur. Par cœur, nous n'entendons évidemment pas l'organe anatomique, mais notre intention profonde d'"être là" et de comprendre. Notre esprit juge, compare, organise, évalue, c'est son travail et il a tendance à le faire tout le temps. Cependant, à certains moments, il est bon de laisser autant de place que possible à nos sentiments : "le cœur". Pour ce faire, il faudra cesser de se perdre dans nos pensées (le travail de notre esprit) et rester le plus possible concentré sur le "ici et maintenant". Pour nous aider dans cette opération, qui peut sembler assez compliquée au début (mais qui, avec l'entraînement, deviendra naturelle), il peut être utile de se poser mentalement ces questions : "A quoi je pense en ce moment ?", "Quelle sera ma prochaine pensée ?", "Suis-je conscient ou mon esprit produit-il des pensées ?". Inspirer profondément et porter une attention consciente à l'air qui entre dans nos narines peut être un autre excellent moyen de nous entraîner progressivement à la conscience et à la présence.

Les 5 grands obstacles a l'ecoute active

En écoutant notre interlocuteur et en essayant en même temps de montrer notre intérêt pour lui, nous pouvons rencontrer plusieurs obstacles qui peuvent nous empêcher d'atteindre ces deux objectifs en même temps. Analysons ces obstacles possibles afin de comprendre comment éviter les aspects problématiques les plus courants qui nous empêchent de réaliser une écoute empathique.

1. <u>Écouter plusieurs personnes à la fois</u>

Bien que nous soyons tous habitués à être *multitâches*, il est important de savoir que l'attention, par définition, est focalisée et non diffuse.

Lorsque nous pensons que nous sommes attentifs à deux choses en même temps (par exemple, un film à la télévision et un enfant qui nous parle en même temps, ou lire un livre et passer un appel téléphonique, etc.), la vérité est que ce que nous faisons est une sorte de "ping-pong" entre les différentes choses auxquelles nous avons affaire ; il est donc inévitable que nous manquions des "morceaux" de chacun de ces éléments. Si, par exemple, nous essayons d'écouter plusieurs personnes en même temps, le résultat sera que nous manquerons les mots et les gestes de chacun des interlocuteurs, et que nous n'écouterons en fait que partiellement.

2. <u>Trouver l'interlocuteur séduisant, avoir de l'empathie pour lui ou, à l'inverse, le trouver détestable/désagréable.</u>

Comme tous les jugements sur l'interlocuteur, le fait d'être fortement orienté vers la personne en face de nous peut avoir des effets négatifs sur l'efficacité de l'écoute.

Parfois, lorsqu'une personne qui nous attire nous parle, nous nous concentrons sur les détails physiques, nous fantasmons peut-être sur le fait d'être quelque part seul avec elle... tout cela nous empêche d'écouter et de comprendre ce qu'elle dit ! Même l'affection ou l'estime que l'on porte à quelqu'un peut nous amener à ne pas écouter attentivement ce qu'il dit (par exemple, lorsqu'un enfant nous raconte un problème qu'il a eu à l'école, il peut être courant de faire preuve d'une empathie excessive à son égard et de penser peut-être déjà "Pauvre gars, comment ils l'ont traité..." sans même suivre attentivement l'histoire).

Au contraire, même un jugement fortement négatif sur une personne peut influencer négativement notre capacité à écouter ce qu'elle dit de manière authentique et équilibrée. C'est comme si, au lieu d'écouter objectivement ce qu'ils disent, nous avions un filtre intérieur à travers lequel nous les regardons et pensons quelque chose comme : "Pas du tout, je n'en crois pas un mot ! ou " Écoutons la prochaine bêtise...".

3. <u>Se concentrer sur la façon de réagir et/ou de se corriger</u>

Si, pendant qu'un interlocuteur parle, nous sommes déjà anxieux de répondre d'une manière qui nous fasse paraître intelligent, de rejeter la faute sur les autres, d'avoir raison ou autre, nous ne prêterons certainement pas l'attention nécessaire à l'autre personne, précisément parce que nos énergies mentales et notre attention seront projetées davantage vers nos propres intentions que vers l'écoute active de l'autre personne.

4. <u>Se concentrer davantage sur la mémorisation des informations que sur leur compréhension</u>

Toute activité mentale que nous essayons de mener en parallèle avec l'écoute de l'autre personne sera pénalisée. Même si l'intention porte sur les contenus communicatifs que l'autre personne produit, la tentative, par exemple, de mémoriser ce que l'autre personne dit, pénalise la compréhension réelle.

Beaucoup d'entre nous ont déjà fait l'expérience de demander des informations à un passant et, après les avoir mémorisées, de se rendre compte qu'elles sont totalement incompréhensibles et donc inutiles pour atteindre la destination souhaitée.

5. <u>Avoir des idées préconçues sur ce qui sera dit</u>

Avoir des idées préconçues sur ce qui va être dit, loin de nous aider à écouter, signifie souvent qu'au lieu d'écouter réellement l'autre personne, ce que nous "semblons" avoir entendu provient davantage de nos propres attentes ou est déformé par celles-ci.

CAPITOLE 12:

TIMING ET VALIDATION : LES ARMES SECRETES DE L'AFFIRMATION DE SOI

Le style assertif exige également que les communications aient lieu :

- En respectant le **bon moment** (timing)
- En commençant par la **validation émotionnelle** (c'est-à-dire en transmettant à l'autre personne un message de compréhension et d'absence de jugement à son égard).

BON MOMENT OU TIMING

Il est certainement important de savoir CE QUE vous dites, COMMENT vous le dites est tout aussi important, mais être capable de choisir QUAND le dire est également un aspect fondamental.

Quelques exemples.

<u>À la maison</u> : votre femme vient de voir apparaître sur votre téléphone portable un message plutôt affectueux de votre dentiste. Lui demanderais-tu À CE MOMENT si ça l'ennuie que tu partes en week-end à la montagne avec tes amis ?

Quel effet pensez-vous que votre demande à ce moment précis aurait sur votre relation ?

Qu'adviendrait-il de votre objectif de la convaincre de vous laisser partir ?

<u>Dans l'entreprise</u> : Au cours d'une réunion, le propriétaire de l'entreprise pour laquelle vous travaillez vous parle, à vous et à vos collègues, sur un ton sérieux et inquiet, d'une baisse importante des ventes qu'il a enregistrée récemment. Prendriez-vous la parole à CE MOMENT pour demander une augmentation de salaire pour vous et vos collègues de bureau ?

Quel effet pensez-vous que votre demande à ce moment précis pourrait avoir sur votre relation ?

Qu'adviendrait-il de votre objectif d'obtenir l'augmentation souhaitée ?

Le succès de vos communications, en termes de réalisation de vos OBJECTIFS et d'entretien de vos RELATIONS, dépend donc aussi beaucoup du MOMENT que vous choisissez pour les réaliser.

En effet, il est également nécessaire de toujours tenir compte des ÉMOTIONS que nous et notre interlocuteur ressentons au moment où la communication a lieu.

LA VALIDATION : "TU ES OK"

En particulier, lorsque la communication à donner à l'autre partie est "délicate", comme l'expression d'une **critique** ou d'une **opinion en désaccord** avec celle de l'autre personne, il est important de commencer la communication en rassurant l'autre partie que ce que nous disons n'affecte pas sa valeur en tant que personne, ou son engagement, son professionnalisme, etc., selon le cas, et que, même si nous ne partageons pas ce qu'elle pense/dit/fait, nous la comprenons.

Notez la différence entre les deux phrases dans l'exemple suivant :

"J'ai lu votre rapport, je changerais un peu le début, il est verbeux, comme d'habitude vous étiez lourd, il faut le résumer, tandis que la conclusion ne dit rien, il faut être plus incisif !". STYLE AGRESSIF

"J'ai lu votre rapport, je changerais un peu le début, je le résumerais un peu et j'enrichirais plutôt la conclusion avec plus de détails. Qu'est-ce que tu en penses ?" STYLE ASSERTIF

"J'ai lu votre rapport, je comprends que cela n'a pas dû être facile de faire tout cela tout seul alors que nous finissions d'analyser les autres données. En espérant qu'il vous sera utile, je voudrais vous faire part de mes impressions après l'avoir lu. Je modifierais un peu le début : je le résumerais et enrichirais plutôt la conclusion de quelques détails. Qu'est-ce que tu en penses ?" STYLE ASSERTIF AVEC VALIDATION

CAPITOLE 13 :

LES 7 TECHNIQUES DE DEFENSE DE LA COMMUNICATION

La communication assertive comprend également un certain nombre de "techniques de défense" conçues pour **nous aider et nous soutenir dans les moments les plus difficiles de la communication et de la relation**, telles que :

- Nous protéger des critiques manipulatrices ou irrespectueuses.
- Se défendre contre des accusations injustes ou excessives
- Dire "NON" de manière ferme mais respectueuse aux demandes qui nous semblent excessives ou que nous ne nous sentons pas obligés de satisfaire.
- Mettre un terme à l'intrusion ou à la curiosité excessive d'autrui.

Certaines techniques sont similaires à certains égards mais portent des noms différents et peuvent être utilement combinées pour nous aider à obtenir l'effet désiré. L'important n'est pas d'identifier exactement la technique que nous utilisons, ni même de mémoriser le nom de la technique. Ce qui est plus utile, c'est que les techniques présentées ci-dessous vous donnent des idées pratiques que vous pouvez utiliser dans vos communications quotidiennes.

1. **Le "disque rayé"**

Cette technique de défense nous aide, par exemple, à dire "non" aux propositions qui ne nous intéressent pas ou aux demandes que nous ne souhaitons pas accepter.

Cette technique consiste simplement à répéter fermement et à plusieurs reprises la même phrase, par exemple : "Je ne suis pas intéressé, merci".

Elle est très utile pour ne pas donner à l'interlocuteur de nouvelles idées pour continuer à insister.

Le "disque rayé" nous permet à la fois d'arrêter l'insistance des autres et de réduire leurs arguments persuasifs.

Prenons l'exemple d'un vendeur par téléphone particulièrement intrusif qui tente de nous inciter à acheter quelque chose qui ne nous intéresse pas. Chaque fois que nous répondons par une raison ou une justification, nous donnons au vendeur plus d'arguments pour insister.

Exemple :

NOUS : "Je n'ai pas assez d'argent pour l'acheter".

VENDEUR : "Mais ce service vous fera économiser de l'argent ! Vous pouvez alors l'acheter en plusieurs fois.

NOUS : "Je n'ai pas le temps d'évaluer cette proposition maintenant, je suis occupé".

VENDEUR : "Mais ça ne prendra qu'un instant, ou je peux vous rappeler quand vous voulez..."

NOUS : "Mais le responsable n'est pas à la maison..."

VENDEUR : "Pas de problème, je peux rappeler plus tard..."

Et ainsi de suite. Imaginons plutôt que nous répondions, poliment mais fermement, en utilisant toujours la même phrase, par exemple "Je ne suis pas intéressé, merci" ; de cette façon, nous ne donnons pas à l'interlocuteur d'autres arguments pour insister et il nous sera beaucoup plus facile de terminer l'appel poliment. Imaginons un autre contexte, par exemple une réunion dans un immeuble d'habitation où un voisin particulièrement agressif nous accuse de quelque chose dont nous ne sommes pas responsables. Encore une fois, fournir des détails et des justifications pourrait conduire à d'autres arguments de la part de l'accusateur et à une escalade de la dispute. Répondre en répétant plusieurs fois la même phrase, par exemple : "Vérifiez dans le dernier rapport ce que je dis" aidera à désarmer l'"adversaire".

Comme on peut le voir dans ces exemples, la technique du disque rayé est une technique à n'utiliser que dans des "cas extrêmes", car elle n'ouvre pas le dialogue, mais l'arrête plutôt. Par conséquent, dans tous les cas où la conversation porte sur la relation, son utilisation doit être soigneusement évaluée.

2. Enquête (ou investigation) négative

L'enquête négative, ou investigation, consiste, en somme, à s'interroger sur les critiques reçues.

Recevoir des critiques ou des remarques sur notre travail et, plus encore, sur notre personne, est généralement une source de "souffrance" pour notre ego qui se sent en quelque sorte attaqué et non accepté. Mais si nous réfléchissons bien, nous savons que toute critique, de la plus sévère à la plus délicate et constructive, peut être une source importante d'amélioration personnelle et professionnelle si nous savons l'utiliser de la meilleure façon possible. L'enquête négative nous permet justement de faire cela : être capables de transformer la critique en une opportunité de croissance. Ainsi, quel que soit le type de critique, il s'agira de demander des explications complémentaires, de mettre de côté l'ego et l'orgueil, afin d'obtenir des éléments utiles pour nous-mêmes.

Exemple (à l'école)

Un élève dit à l'enseignant à la fin de la leçon "Cette leçon était vraiment nul".

L'enseignant peut être indigné et commencer immédiatement par des mesures disciplinaires telles que des notes et autres mais, une chose n'excluant pas l'autre, demandez également des explications supplémentaires.

Par exemple, il pourrait répondre de la manière suivante : "Veuillez-vous exprimer d'une manière plus respectueuse de mon travail, en tout cas je suis désolé que vous n'ayez pas aimé la leçon et j'aimerais savoir précisément pourquoi vous avez dit cela, afin que je puisse rendre votre critique utile. Qu'est-ce que tu n'as pas aimé dans la leçon d'aujourd'hui ?"

Ainsi, dans une critique, même si elle peut parfois être assez dure ou irrespectueuse, tout n'est pas "mauvais" et cette technique nous aide à tirer des éléments utiles de tout type d'observation.

3. Brouillage

Le brouillage est une technique de défense visant à éliminer l'agressivité de quelqu'un qui émet, par exemple, une critique agressive et/ou manipulatrice. Elle est mise en œuvre en ne tenant compte que de la partie la plus assertive de la communication de l'autre (le cas échéant) et, pour le reste, en essayant de répondre de manière générique et "nuancée". Elle peut ressembler, à certains égards, à la technique de "l'ignorance sélective".

Exemple (dans une entreprise)

AUTRES : "Rien ne fonctionne dans ce service, il est rempli de fainéants qui sont toujours en retard et ne pensent qu'à leur salaire sans se soucier de l'entreprise...".

NOUS : "Malheureusement, les choses ne se passent pas toujours comme elles le devraient... Je suis d'accord avec le fait qu'il y a eu des retards dans les arrivées ces derniers temps..."

Apparemment, le brouillard ne semble pas tout à fait conforme aux principes de la communication assertive, mais il ne faut pas oublier qu'il s'agit de techniques défensives à n'utiliser que dans des cas particuliers, par exemple dans des situations où exprimer sa position ouvertement et clairement pourrait être peu utile ou même nuisible à ce moment-là. Le brouillard consiste à être général et à répondre par des "phrases faites" sans chercher à tout prix à démêler le moindre nœud de la communication.

Souvent, d'autres techniques telles que le "disque rayé" ou "l'enquête négative" peuvent être associées à l'obscurcissement.

Exemple (Un client dans un magasin)

AUTRES : "Je me demande si vous êtes tous engourdis ou s'il y a encore quelqu'un qui comprend quelque chose, peut-être que les vacances sont montées à la tête de quelqu'un..."

NOUS : "C'est possible (brouillard), j'aimerais vous aider, quel problème avez-vous eu spécifiquement avec nos services (enquête négative) ?"

Les interventions visant à communiquer que l'on n'aime pas aborder un certain sujet, telles que : "C'est un sujet un peu délicat pour moi, je préférerais ne pas en parler..." et celles visant à déplacer l'attention en changeant de sujet "Eh, peut-être... As-tu aussi entendu dire qu'il semble qu'à partir de demain il y aura de gros orages font partie du brouillard ?"

4. **Affirmation (ou déclaration) négative**

C'est une technique qui consiste à admettre ses erreurs, à déclarer son caractère involontaire et à être prêt à les corriger. À certains égards, elle est similaire au brouillard mais concerne les critiques dirigées directement vers nous.

Il s'agit d'un processus qui comprend souvent les *4 étapes* suivantes :

- S'excuser
- Assumer la responsabilité de ce qui s'est passé
- Communiquer l'absence d'intentionnalité
- Demander ce qui peut être fait pour remédier à la situation ou proposer directement une action corrective

Exemple

"Je suis désolé, c'est moi qui... Je n'avais pas l'intention de... Que puis-je faire pour me faire pardonner ?"

5. S'excuser de manière assertive

Lorsque l'on s'excuse, il faut garder à l'esprit deux pôles opposés et essayer de rester, avec assurance, dans une position d'équilibre.

Les deux pôles opposés sont : d'une part, vouloir rejeter la responsabilité sur les autres ou en tout cas vouloir minimiser excessivement, et d'autre part, s'excuser pour tout de manière excessive et inappropriée.

Ces deux attitudes peuvent d'une certaine manière irriter l'interlocuteur et, en tout cas, ne favorisent pas la croissance et la prise de conscience de ceux qui les utilisent.

Voyons maintenant comment ne pas tomber dans ces erreurs. Dans le premier cas (minimisation excessive), il convient d'éviter toutes les phrases qui tendent à rejeter la responsabilité sur les autres : "Ce n'est pas moi qui m'occupe de ces choses", "C'est X qui a vérifié le paquet en dernier", etc. et, en même temps, celles qui tendent à minimiser l'événement de manière générale, telles que : "Finalement, personne n'est mort", "Mon dieu, ce n'est pas une tragédie", "Personne n'est parfait, on ne peut pas faire d'erreur ?", etc.

En revanche, ceux qui s'excusent trop et même dans des circonstances où ce n'est pas nécessaire, pourraient essayer la "stratégie du merci" ou retourner la phrase pour remercier l'autre de sa patience sans avoir à se mortifier excessivement, ce qui risquerait de renforcer une image de fragilité et d'insécurité tant chez la personne qui parle que dans l'image de soi présentée à l'auditeur.

Exemple

"Je suis désolé si je ne comprends pas tout de suite ce que vous m'expliquez, j'ai la grosse tête" pourrait devenir "Merci pour votre patience à m'expliquer, j'ai besoin d'un peu de temps pour tout assimiler" ; "Je suis désolé si je parle trop, parfois je ne m'adapte pas" pourrait devenir "Merci de m'écouter", "Je suis désolé d'être en retard" pourrait devenir "Merci beaucoup de m'avoir attendu", etc.

6. Désarmement de l'agressivité

Cette technique de défense consiste à opposer un comportement agressif à un comportement calme et à inviter l'autre personne à se calmer, voire à laisser le sujet du litige en suspens pour le moment.

Il ne s'agit certainement pas de dire à l'autre des phrases telles que "Calme-toi !", même sur un ton agressif, car de telles interventions ont l'effet inverse.

Il s'agit plutôt de ne pas réagir à l'agressivité des autres et de rester calme, puis de communiquer cette sérénité à l'autre personne, tant verbalement que non verbalement.

Exemple

"Il me semble qu'en ce moment il ne vous est pas facile de parler calmement, prenons un peu de temps, nous en parlerons plus tard...".

7. Ignorer sélectivement

Cette technique consiste à ignorer volontairement, et donc à ne pas répondre, aux propos grossiers, manipulateurs ou en tout cas auxquels nous ne souhaitons pas donner d'importance et, au contraire, à ne prêter attention qu'à la partie de la communication que nous considérons constructive.

Dans certains cas, répondre à certaines déclarations a pour effet de les souligner et de les renforcer et, par conséquent, ignorer de manière sélective est également une bonne technique pour essayer de "désactiver" certains comportements que nous considérons comme non constructifs de la part de l'autre, comme les plaintes et la victimisation.

<u>Exemple</u> (dans la famille)

AUTRE (fils) : "Tu sais, maman, cette stupide prof d'anglais va encore m'interroger demain, je crois qu'elle ne comprend rien, certains elle ne les interroge jamais Bon, si je révise bien, peut-être que j'aurai un "5"...".

NOUS (parent) : "C'est une bonne occasion de rattraper le retard, aujourd'hui tu dois étudier pour donner le meilleur de toi-même...".

CAPITOLE 14:

RECONNAITRE LES 3 STYLES

Maintenant que nous avons exploré les caractéristiques des trois principaux styles de communication, il est temps de nous entraîner à les reconnaître dans la pratique, dans la vie quotidienne.

Un autre aspect fondamental de l'apprentissage des techniques de communication est de pouvoir identifier, en pratique et pas seulement en théorie, le style des différentes phrases que nous utilisons dans notre vie quotidienne.

L'étape suivante consiste à pouvoir les transformer en un style assertif mais, pour ce faire, il faudra d'abord s'exercer à la reconnaissance.

Dans les phrases présentées ci-dessous, les circonstances dans lesquelles elles sont prononcées seront également illustrées, car le **contexte** contribue à attribuer un sens plutôt qu'un autre aux phrases individuelles.

EXERCICE

Pour chacune des phrases suivantes, identifiez dans quel style communicatif (passif, agressif ou assertif) elles sont formulées, en motivant votre réponse.

Ex. La phrase n° x est formulée dans un style agressif car il y a : un étiquetage, deux généralisations et une menace.

Ce n'est qu'après avoir terminé votre analyse que vous lisez la réponse de la page suivante.

COMMUNICATION ASSERTIVE

1- Deux collègues ont reçu une mission à accomplir ensemble : ils doivent présenter un rapport. Quelques jours avant de rendre leur travail, l'une d'elles téléphone à l'autre pour lui dire qu'elle a décidé de modifier certains passages du rapport. L'autre répond : "Ecoutez, vous m'avez pris au dépourvu. J'aimerais d'abord le relire pour me faire une meilleure idée des changements apportés. Alors je vous ferai savoir".

La phrase n° 1 est formulée dans le style de _____ car :

_____
_____
_____
_____
_____
_____
_____
_____
_____
_____
_____

Ce n'est qu'après avoir terminé votre analyse que vous lisez la réponse de la page suivante.

Solution

La phrase n°1 est formulée dans un style ASSERTIF comme celui qui parle :

- Respecte le droit de l'autre à apporter des modifications au travail effectué par les deux parties

- Respecte le droit de l'autre de lire et d'analyser les modifications apportées, sans présumer qu'elles sont bonnes, avant que le document, signé par les deux, ne soit remis.

- Demande, de manière polie et non arrogante, à pouvoir évaluer les changements effectués.

- Exprime, vraisemblablement avec sincérité, sa surprise de voir que son collègue a effectué des changements sans la consulter, mais le fait sincèrement et d'une manière qui n'est ni accusatrice ni moralisatrice.

- Permet de maintenir une bonne relation avec sa collègue et, en même temps, d'atteindre l'objectif d'évaluer ce qu'elle a écrit avant que le texte ne soit livré, sans craindre qu'elle soit offensée ou mécontente de ce qui, s'il n'est pas communiqué correctement, pourrait sembler être un signe de méfiance.

- N'accuse pas, n'offense pas, ne généralise pas, n'étiquette pas.

2 - Un parent gronde ses enfants parce qu'ils ne font pas leurs devoirs. Il dit : "Vous êtes nuls, les gars, vous êtes des ânes ! Si j'avais su, j'aurais pris un chien au lieu d'avoir des enfants !".

La phrase n° 2 est formulée dans le style de _____ car :

_____

Ce n'est qu'après avoir terminé votre analyse que vous lisez la réponse de la page suivante.

Solution

La phrase n°2 est formulée dans un style AGGRESSIF car le locuteur :

- Insulte "vous êtes nuls".

- Étiquettes "vous êtes des cancres"

- Généralise "J'aurais pris un chien au lieu d'avoir des enfants".

- Ne parle pas des faits (n'oublions pas que le sujet de la discussion serait les devoirs non terminés) mais se limite à attaquer les gens sans, entre autres, aborder, et donc tenter de résoudre, le problème des devoirs.

- Ne prend pas soin de comprendre les véritables raisons du comportement des autres.

- Ne tient pas compte des droits des autres, mais uniquement de son propre point de vue.

- Risque de mettre en danger la relation et en même temps ne se donne pas la chance d'atteindre l'objectif (que ses enfants fassent leurs devoirs).

3 – Une femme veut regarder à la télévision un programme qu'elle aime. Son mari veut plutôt regarder un match qui l'intéresse. Il lui dit : "Ce n'est pas grave, chérie, tu peux regarder ton programme. Je vais nettoyer dans la cuisine.".

La phrase n° 3 est formulée dans le style de _____ car :

_____
_____
_____
_____
_____
_____
_____
_____
_____
_____
_____

Ce n'est qu'après avoir terminé votre analyse que vous lisez la réponse de la page suivante.

Solution

La phrase n°3 est formulée en style PASSIF car le locuteur :

- Considère les droits de son partenaire plus que ses propres droits

- N'exprime pas sincèrement sa préférence mais prétend vouloir faire autre chose plutôt que de regarder la télévision, même si ce n'est pas vrai.

- Ne donne pas à l'autre personne la possibilité de comprendre ses goûts et ses besoins réels, ce qui peut, à terme, mettre en péril la relation

- Elles ne donnent pas à l'autre personne la possibilité de comprendre l'intérêt de son partenaire pour le programme dont elle parle ou de négocier de manière équilibrée et constructive l'utilisation de la seule télévision de la maison.

CAPITOLE 15:

TRANSFORMEZ LES PHRASES EN STYLE ASSERTIF

L'objectif ultime des compétences en communication est de pouvoir établir des relations positives, sans anxiété ni culpabilité, avec les personnes qui nous entourent.

Plus précisément, par positif, nous pouvons entendre le fait de se concentrer sur deux aspects en même temps : prendre soin de la **relation** avec l'autre personne et atteindre nos **objectifs** ; le tout, en respectant autant que possible tant soi-même que les autres.

L'une des tâches les plus difficiles que nous devons accomplir pour rendre notre communication assertive est d'être capable de transformer la FORME de nos messages tout en laissant inchangé le CONTENU, c'est-à-dire le BUT que nous voulons leur faire atteindre.

Par exemple, si je veux dire à mon partenaire que, ces derniers temps, il a trop dépensé en articles inutiles, afin d'harmoniser les dépenses du ménage, pour que je partage aussi l'adresse, il est évident que je ne peux pas lui dire "J'ai remarqué que, ces derniers temps, tu as géré tes dépenses de manière impeccable, bravo !". Bien sûr, il est toujours beaucoup plus facile et agréable de communiquer des compliments et des appréciations, mais souvent ce n'est pas ce dont on a besoin. Par conséquent, nous devons apprendre à comprendre quel est le VRAI contenu du MESSAGE que nous voulons communiquer, puis le rendre aussi assertif que possible, en essayant de ne pas être ni agressif ni trop passif, car dans aucun de ces cas, il est probable que la communication aura l'effet que nous souhaitons.

Ainsi, si le message (le contenu de la communication, ce que nous voulons transmettre à l'autre personne) est :

"Tu as trop dépensé ces derniers temps et je ne suis pas d'accord", la formulation de la phrase de manière agressive pourrait aboutir, par exemple, à :

"Tu dépenses trop pour des bêtises, es-tu encore un enfant ? Tu veux que nous soyons à nouveau sans le sou ? Je vous rappelle que l'argent sur ce compte est aussi le mien et j'exige un changement immédiat !"

De manière passive, cela pourrait être : " J'ai vu sur notre compte qu'il reste peu d'argent, si tu as voulu faire des courses tu as bien fait, c'est bien, l'important c'est que nous ne passions pas dans le rouge... ".

Et de manière assertive, cela pourrait devenir : "J'ai remarqué sur notre compte qu'il y avait plusieurs dépenses, quand j'ai vu les montants, j'étais un peu inquiet, ils semblaient importants. Aviez-vous des besoins particuliers ? Que s'est-il passé ?"

Voyons un autre exemple concret ci-dessous. Un propriétaire dit cette phrase à un employé qui a été en retard 3 fois au cours des 5 derniers jours :

"...tu es toujours en retard ! Tu n'es pas fiable ! Tu verras ce qui t'arrivera si tu continues comme ça...!"

Tout d'abord, analysons quel est le CONTENU du message (l'essentiel de ce que l'on veut communiquer), dans quel STYLE COMMUNICATIF il est formulé (évidemment, cela dépendra aussi du ton de la voix utilisé et en général de toute la communication non verbale), quels sont les DROITS et les OBJECTIFS en jeu dans cette situation.

Nous pouvons formuler les hypothèses suivantes :

- **Contenu du message** : avertir le salarié que son retard n'est pas passé inaperçu, qu'il ne s'agit pas d'un comportement conforme aux exigences de l'entreprise et qu'il existe des sanctions pour un tel comportement.

- **Style de communication** : agressif car il y a des généralisations ("toujours"), des étiquettes ("pas fiable") et des menaces (" Tu vas voir ce que je vais te faire...").

- **Droits en jeu** : le propriétaire a le droit de faire en sorte que les employés arrivent au travail à l'heure (il les paie également pour cela), l'employé a le droit de commettre des erreurs, et aussi d'arriver en retard (alors, le cas échéant, il en paiera les conséquences).

Ce qui doit être changé

- Les déclarations générales doivent être éliminées et les généralisations remplacées par des données spécifiques.
- Les jugements moraux sur la personne doivent être éliminés.
- Les menaces allusives et indéfinies "Vous allez voir ce que je vais vous faire..." devraient être supprimées.
- La punition doit être clarifiée et reportée de manière spécifique et non de manière générique et en rendant le sujet responsable.

Comment alors reformuler la phrase ?

Exemple :

"C'est la troisième fois que tu arrives aussi tard cette semaine, comment ça se fait ? Ce comportement t'expose à des sanctions, tu le sais ?"

Il peut y avoir de nombreuses autres alternatives, l'important étant que le contenu du message reste inchangé.

Pratiquer des transformations

Voici un exercice court et simple pour commencer à maîtriser les transformations du style assertif, précédé d'un bref examen des principales caractéristiques du style de communication assertif.

Transformez les phrases suivantes formulées en style passif et agressif en style ASSERTIF, en gardant le contenu du message inchangé et en tenant compte du fait que :

Le style assertif se caractérise par :

- Communication honnête, claire et directe
- Volonté de demander des éclaircissements en cas d'incertitude ou d'ambiguïté dans les communications des autres
- Volonté d'exprimer franchement ses propres besoins et désirs sans sous-estimer ceux des autres

- Formulation des messages à la première personne (par exemple, " J'ai été offensé lorsque vous… " au lieu de " Tu m'as offensé lorsque…")
- Capacité à communiquer un profond respect des autres et de soi-même
- Capacité à exprimer ce que l'on veut communiquer de manière équilibrée, ni passive ni agressive.

STYLE AGRESSIF :

Deux amis discutent de leurs projets pour le week-end, l'un dit à l'autre : "Je sais que nous sommes invités à une fête sur la plage ce soir, mais je n'ai pas envie d'y aller, viens me chercher à 22 heures et nous irons au cinéma…"

STYLE ASSERTIF :

COMMUNICATION ASSERTIVE

STYLE PASSIF :

Deux collègues discutent des gardes et l'un dit à l'autre : "J'ai le baptême de ma nièce samedi, si ça ne te dérange pas et que tu n'as rien de mieux à faire, pourrais-tu prendre ma place, même si j'ai fait la garde samedi dernier, ça ne fait rien, si tu ne veux pas, je viendrai à ta place..."

STYLE ASSERTIF :

_____
_____
_____
_____
_____
_____
_____
_____
_____
_____
_____

CAPITOLE 16:

LA "PERSONNE ASSERTIVE"

Alors, qui est la personne qui se comporte de manière assertive et comment s'exprime-t-elle habituellement ?

Une personne qui écoute et comprend ses propres émotions et besoins et est capable de les exprimer de manière honnête et constructive, avec sincérité, sans ressentir de gêne ou de culpabilité excessive, atteignant ainsi ses objectifs sans blesser les autres ou elle-même.

Une phrase assertive typique pourrait être : "...je vous accompagnerais volontiers pour choisir le papier peint, mais aujourd'hui je suis vraiment fatigué, c'est mon jour de congé et j'ai besoin de me reposer un peu". Si vous voulez, je le ferai volontiers demain."

Évidemment, tant que c'est ce que vous pensez.

L'assertivité est donc un modèle de comportement, une attitude envers les autres, soi-même et la vie qui peut être considérée comme un équilibre dynamique entre l'agressivité et la passivité.

En vous comportant de manière assertive, vous pouvez créer de meilleures relations avec les autres et, en même temps, équilibrer votre estime de soi, apaiser votre colère et améliorer votre relation avec vous-même et vos expériences quotidiennes.

Il est tout à fait naturel de penser que le style assertif peut également être déterminant dans des rôles stratégiques tels que celui de leader (dans une entreprise ou toute autre organisation), d'enseignant, de coach, de parent, etc. Dans tous les contextes, de la vente aux relations amoureuses, l'affirmation de soi ouvre la porte à la sérénité et à une collaboration fructueuse à tous les niveaux.

-

CAPITOLE 17 :

L'ASSERTIVITE DANS LA PRATIQUE : CE QU'IL FAUT DIRE ET FAIRE, ETAPE PAR ETAPE

Pour commencer à s'affirmer, il faut commencer, peut-être progressivement, à mettre en pratique de petites astuces qui, avec le temps, auront naturellement et physiologiquement tendance à être utilisées de plus en plus fréquemment, car elles apportent des bénéfices immédiats dans la vie quotidienne.

Nous allons maintenant voir **en détail**, étape par étape, ce qu'il faut dire et ce qu'il faut faire concrètement dans les situations relationnelles les plus délicates.

Voici quelques domaines dans lesquels vous pouvez expérimenter immédiatement.

Les domaines dans lesquels les stratégies assertives peuvent aider sont, entre autres, les suivants :

- Faire une demande
- Exprimer des points de vue, des idées, des pensées et des opinions
- Dire NON, refuser une demande
- Donner des critiques constructives
- Recevoir des critiques
- Se protéger de l'intrusion d'autrui

Examinons-les un par un, en détail, pour comprendre de manière concrète comment se comporter.

FAIRE UNE REQUETE

Quand nous faisons une demande, c'est important :

- Choisissez le moment le plus approprié
- Exprimer clairement l'objet de la demande
- Ne vous justifiez pas et ne donnez pas trop d'explications si on ne vous les demande pas.
- Ne pas attribuer la raison de la demande à d'autres personnes ou facteurs (si ce n'est pas vrai)
- Essayez d'être sincère et de maintenir une cohérence entre les aspects verbaux et non verbaux de la communication.
- Ne pas être trop timide et hésitant (passivité)
- N'exigez pas (agressivité) : les autres ont le droit de dire non aussi.

Exemple

Vous voulez demander à votre partenaire d'aller au cinéma ensemble, vous aimeriez que vous y alliez tous les deux seuls.

"Puisque tu ne m'emmènes jamais au cinéma, autant m'y emmener ce soir ! Tu ne fais jamais que ce que tu aimes !"

"Ce soir, il y a un film au cinéma que j'aime, j'ai essayé d'en parler à mes amis mais personne ne peut venir. Tu veux bien venir avec moi ? Ce n'est pas comme si c'était d'une importance vitale, alors si tu ne veux pas, ce n'est pas grave..."

Alors que la première demande est formulée de manière AGGRESSIVE, la seconde est formulée dans un style PASSIF. Voici un exemple de demande ASSERTIVE :

"Ce soir, j'aimerais aller au cinéma avec toi, juste toi et moi". Qu'en penses-tu ?"

EXPRIMER DES IDEES, DES OPINIONS

Lorsque nous exprimons nos idées, il est important :

- Choisir le bon moment pour s'exprimer
- Exprimer ses pensées de manière transparente et directe

- Parler à la première personne et assumer la responsabilité de ce que vous dites ("message me")
- Ne pas essayer d'imposer son opinion ou son idée comme la seule possible ou la seule correcte.
- Ne renoncer pas à exprimer ses idées simplement parce qu'elles diffèrent de celles des autres.

Exemple

Entre amis, au dîner, on parle de politique.

"Soyons clairs : les membres du parti X sont des voleurs et des imbéciles, c'est évident, seul un idiot ne le comprend pas !".

"Je ne connais pas grand-chose à la politique mais je suis d'accord avec vous, je veux dire, je ne sais pas, je ne vais pas m'exprimer parce que peut-être je dirais quelque chose de stupide."

Dans ce cas également, la première opinion a été formulée de manière AGGRESSIVE tandis que la seconde est formulée de manière PASSIVE, ou mieux, elle n'a pas été formulée du tout, c'est-à-dire que la personne, d'une certaine manière, évite d'exprimer son point de vue. Le texte suivant est un exemple d'avis ASSERTIF.

"Je pense que les membres du parti X sont compétents et honnêtes, j'aime personnellement le travail qu'ils ont fait.

REFUSER UNE REQUETE

Lorsque nous voulons refuser une requête, il est important de :

- Exprimer clairement votre position par rapport à la requête
- Ne pas se justifier (si la situation ne l'exige pas) même s'il peut être utile de donner les raisons de la décision.
- Ne pas faire d'excuses insincères
- Assumez la responsabilité de votre refus
- N'oubliez pas que le "non" en début de phrase a un impact très fort et ne doit être utilisé que si vous voulez envoyer un message très fort (à éviter, en principe, avec les clients, etc.).
- Ne pas dire " oui " par peur de dire " non ".

Exemple

Un collègue vous demande de terminer un travail que vous devriez faire vous-même.

"Tu me prends pour un idiot ? ! Si tu es un fainéant, ce n'est pas mon problème et je ne suis pas un connard ! Ne tente plus jamais de m'exploiter comme ça !"

"Je n'ai pas de problème avec ça, je le ferais... Seulement peut-être que si le patron l'apprend plus tard, tu pourrais avoir des problèmes, je dis ça pour toi...".

Alors que la première phase est structurée de manière AGGRESSIVE, la seconde est de style PASSIF. Voici un exemple de demande ASSERTIVE :

"Pourquoi fais-tu cette requête ? C'est un travail qu'on nous a demandé de faire ensemble, si je ne me trompe pas. Je pense qu'il est juste que nous partagions équitablement la charge de travail."

DONNER UNE CRITIQUE CONSTRUCTIVE

Lorsqu'on exprime une critique, il est important :

- Choisir le bon moment et la bonne situation pour l'exprimer (peut-être pas devant d'autres personnes).
- Exprimer clairement ce que vous pensez
- Valider avant de critiquer
- Critiquer les faits, les circonstances, les comportements, etc. et NON les personnes.
- Faire preuve d'une attitude flexible sans imposer son propre point de vue
- Faire attention aux mots que vous choisissez

Exemple

Le beau-père du gendre qui vient de peindre la chambre des enfants dans des couleurs fortes qu'il ne trouve pas adaptées à cet environnement.

"Aïe monsieur ! !! Comment as-tu pu penser à faire un tel travail ? Ces pauvres enfants vont faire des cauchemars la nuit !"

"Ah, tu as tout fait ? Magnifique, félicitations !"

La première critique est formulée dans un style AGGRESSIF tandis que la seconde est formulée dans un style PASSIF (elle devient en fait un faux compliment). Voici la phrase formulée dans un style assertif :

" As-tu tout fait ? C'est très bien, tu as dû y mettre beaucoup d'efforts ! Les couleurs que vous avez choisies sont assez fortes, ne pensez-vous pas qu'elles pourraient être un peu trop intenses pour les enfants ?"

RECEVOIR UNE CRITIQUE

Recevoir une critique peut être désagréable mais, si elle est traitée de la bonne manière, elle peut être un moment de croissance et de prise de conscience. Habituellement, notre ego se sent affecté par la critique et nous réagissons en nous fermant, en nous offensant ou en nous mettant en colère.

Ce ne sont certainement pas les moyens les plus fructueux de traiter la critique de manière évolutive. Cependant, nous pouvons changer notre approche en suivant les directives ci-dessous.

Lorsque nous recevons des critiques, il est important de :

- Essayer de prendre conscience de nos pensées sur ce qu'on nous dit et essayez de répondre avec assurance (les pensées passives génèrent des réactions passives, tout comme les autres styles).
- Faire une analyse aussi objective que possible de notre propre comportement et le comparer aux critiques que nous recevons.
- Considérer la critique comme une occasion de croissance et de réflexion, quelle que soit la façon dont elle est formulée

Lorsque la critique reçue nous semble être MOTIVEE, nous pouvons utiliser la DECLARATION NÉGATIVE :

- Admettre notre part de responsabilité ("Oui, en effet, j'ai / je n'ai pas...")
- Déclarer notre NON-intentionnalité (si elle est réelle) dans l'incident ("Je ne le pensais vraiment pas... Je suis désolé...")
- Exprimer notre volonté (éventuelle) de remédier à l'incident ("Comment puis-je essayer de résoudre le problème... ?")

Lorsque la critique nous semble NON RAISONNÉE, excessive ou formulée de manière agressive, nous pouvons utiliser l'INVESTIGATION NÉGATIVE :

- Admettre CONDITIONNELLEMENT une erreur ("En fait, j'aurais peut-être pu...")
- Demander de manière assertive une critique non offensante ("Je peux être d'accord avec ta façon de penser mais il n'est pas nécessaire d'utiliser des termes désobligeants à mon égard...")
- Essayer de sonder l'opinion de l'autre ("Pourrais-tu mieux m'expliquer ce qui ne t'a pas plu dans... / Ce que tu aurais fait à ma place...").
- Déclarer notre volonté (si elle est réelle) de remédier à l'incident ("Comment puis-je essayer de résoudre... ?").

SE PROTEGER DE L'INGERENCE D'AUTRUI

Une autre situation qui peut souvent nous obliger à prendre des mesures pour protéger notre vie privée et notre sensibilité est celle où les personnes qui nous entourent sont trop exigeantes ou intrusives.

Céder à ce type de demande peut entraîner un grand inconfort et une grande frustration de notre part, tandis que réagir de manière agressive peut créer des difficultés relationnelles, en plus de ne pas être nécessaire pour se protéger.

Différentes stratégies peuvent être utilisées à cette fin, en fonction de la situation :

- Si les déclarations/évaluations que nous considérons comme intrusives sont exprimées en même temps que d'autres contenus, nous pouvons répondre par des phrases génériques (voir IGNORATION SÉLECTIVE et ANNEBBIANCE) en prêtant attention aux autres arguments présentés par l'interlocuteur, avec un non-verbal cohérent avec ce que nous disons.

- Si la personne avec laquelle nous communiquons semble TRÈS AGGRESSIVE, nous pouvons essayer de la désarmer, en la laissant se calmer sans répondre aux provocations, en essayant d'écouter et de comprendre son état d'esprit (les émotions qu'elle ressent) et en montrant que nous comprenons son point de vue (sans nécessairement le partager).

- Si l'autre personne est complètement sous l'emprise de la colère, il est préférable d'arrêter la confrontation et de la reprendre à un moment plus serein, où un échange plus fructueux sera possible.

- Si la personne qui insiste est un étranger, par exemple un vendeur qui, de manière intrusive, insiste pour nous vendre un de ses produits ou services, nous pouvons également utiliser la technique du "disque brisé", en répétant les mêmes phrases ou des phrases très similaires, comme "Je ne suis pas intéressé, merci...".

Avec la technique du DISC BRISÉ, nous ne fournissons pas à l'autre personne des arguments supplémentaires qu'elle peut utiliser à son avantage. En répondant toujours de la même manière, il est plus facile de clore la communication.

Si celui qui insiste est une personne connue, avec laquelle on a intérêt à entretenir une bonne relation (partenaire, ami, collègue, etc.), il est plus judicieux d'utiliser BROUILLAGE combiné, si on le souhaite, à un DISQUE BRISÉ plus "doux".

Exemple

Si nous ne voulons pas reparler d'un certain sujet, nous pouvons dire : "Je n'ai pas envie d'en parler maintenant..." ou quelque chose de similaire. Et si la personne insiste, nous pouvons simplement nous taire, sans nous sentir obligés de répondre davantage.

CAPITOLE 18:

NOUS DEVONS TOUJOURS ETRE ASSERTIFS ?

Une fois que nous aurons maîtrisé les compétences de base de la communication assertive, s'affirmer viendra tout naturellement et, comme c'est généralement le cas, le sentiment de bien-être que nous éprouvons et les avantages que nous ressentons dans nos relations nous encourageront à poursuivre dans cette direction. Bien que ces aspects soient clairs pour tout le monde, plusieurs fois pendant mes cours de communication efficace, quelqu'un m'a demandé s'il pouvait y avoir des situations dans lesquelles répondre de manière assertive au sens strict du terme n'est pas la meilleure idée.

Oui, la personne assertive est si bien équilibrée et capable de "lire" les situations qu'elle est également capable de comprendre quand il est préférable de se comporter de manière passive ou agressive. Je me rends compte que cette affirmation semble apparemment contredire ce qui a été dit jusqu'à présent, mais ce n'est pas le cas : le style de communication assertif reste le plus approprié à utiliser dans la plupart des situations de tous les jours car, nous le répétons pour la énième fois, c'est celui qui nous permet le mieux d'entretenir de bonnes relations basées sur l'empathie et la transparence et qui, en même temps, nous permet de nous respecter nous-mêmes, nos droits et nous permet d'atteindre nos objectifs les plus importants.

Avec nos objectifs en tête, considérons une situation extrême : notre bureau est en feu et notre collègue, paralysée par la peur, continue de crier et ne semble pas disposée à s'enfuir et à se sauver. Lui parler calmement n'a pas aidé. Voulons-nous la laisser mourir là, ou un geste indubitablement AGGRESSIF, comme une gifle pour la ramener à la raison, ou l'attraper par le bras et l'éloigner, nous aiderait-il à atteindre notre objectif de lui sauver la vie ?

Imaginons une situation où nous marchons après le dîner avec un ami dans une rue mal éclairée et où deux types à l'air menaçant commencent à nous insulter sans raison. Bien sûr, ce n'est pas bien d'être attaqué de cette façon, ce n'est pas gentil et ce n'est pas poli, si nous étions dans un autre contexte comme, par exemple, une réunion d'affaires, nous ne devrions certainement pas le permettre... Mais, dans des cas comme celui-ci, notre priorité est notre REVENU, notre SÉCURITÉ, donc rentrer à la maison sain et sauf est l'objectif que nous entendons poursuivre dans l'immédiat, le reste est absolument secondaire. Ainsi, dans des cas comme celui-ci, une attitude indéniablement PASSIVE, comme celle d'accepter l'abus tout en gardant le silence, est la meilleure stratégie pour obtenir le résultat (et la peau). Il peut aussi y avoir des cas moins extrêmes : par exemple, un professeur nous "gronde" d'une manière qui nous semble trop forte, un jour où il est particulièrement nerveux, pour un oubli ou pour une autre faute qui ne nous semble pas si grave. Dans ce cas, si l'objectif, par exemple, de ne pas recevoir une note ou une mauvaise note dans le registre, l'emporte sur notre désir de nous sentir respectés, nous pouvons nous comporter de manière PASSIVE. Tout cela, cependant, s'il est fait avec conscience et avec l'idée que si de tels épisodes se reproduisent, nous serons prêts à intervenir de manière plus incisive pour clarifier la situation, ne nous fera pas nous sentir mal.

Nous devons toujours nous rappeler le BUT de notre communication et adapter les choses que nous disons (ou ne disons pas) en conséquence. Quoi qu'il en soit, nous ne devons jamais oublier que si nous agissons de manière non sincère simplement pour obtenir un certain résultat, normalement et non dans des occasions exceptionnelles comme celles mentionnées ci-dessus, nous n'agissons pas de manière stratégique, nous ne faisons que MANIPULER notre interlocuteur et cela, en plus de ne pas produire de paix et de bien-être en nous-mêmes, aura certainement de très mauvais effets sur nos relations.

CAPITOLE 19:

PASSIF-AGRESSIF : VOTRE TEST LE PLUS DIFFICILE

Normalement, lorsqu'on aborde le sujet de la communication efficace, et de la communication assertive en particulier, les 3 styles (passif, agressif et assertif) sont mentionnés comme étant les plus fréquemment rencontrés dans la vie quotidienne. Bien sûr, il existe des nuances : chacun d'entre nous manifeste différents niveaux d'affirmation de soi, de passivité ou d'agressivité, selon les circonstances. Cependant, si nous réfléchissons bien, nous pouvons également trouver des exemples de personnes qui ne semblent pas vraiment correspondre aux modèles étudiés, et qui semblent présenter des caractéristiques appartenant aux deux styles les plus extrêmes à la fois : agressifs et passifs.

Pour être plus précis, ils semblent présenter simultanément des caractéristiques appartenant aux deux styles les plus extrêmes : agressifs et passifs. Si nous voulons étendre notre analyse, nous pouvons également noter qu'il y a des personnes qui présentent un style "mixte" qui présente des caractéristiques typiques du style passif (comme, par exemple, ne pas montrer clairement et de manière transparente sa déception ou ses idées) et, en même temps, d'autres qui peuvent être rattachées au style agressif, comme, par exemple, un manque apparent d'empathie, de respect pour les autres et l'intention d'intimider les autres afin d'atteindre ses propres objectifs.

Lorsqu'il n'est pas assertif, passif ou même agressif : vous avez peut-être affaire à un passif-agressif.

Le comportement passif-agressif a été défini comme "une manière délibérée et masquée d'exprimer des sentiments de colère" [Long, Long & Whitson, 2008].

Nous reconnaissons une personne adoptant le style passif-agressif à certains éléments qui peuvent nous faire comprendre qu'elle porte une charge d'agressivité, qui est cependant en quelque sorte "voilée" et cachée par des moyens qui rappellent le style passif.

Ci-dessous, nous voyons quelques attitudes et comportements qui peuvent être typiques de cette modalité :

- **Victimisme** : tendance à ne pas prendre de responsabilités, à se plaindre et à attribuer les causes de ses propres vicissitudes aux autres ou aux circonstances extérieures, à essayer de "s'apitoyer" et de provoquer la culpabilité des autres afin d'atténuer leurs réactions aux siennes.
- **Flatterie et " gentillesse " fausse et manipulatrice** : utilisation de compliments (non sincères) et de flatteries visant à " acheter " la bonne volonté des autres.
- **Le sarcasme et l'ironie sont utilisés pour "faire passer" certains messages aux autres** sans assumer la responsabilité d'exprimer clairement certaines positions.
- **Pessimisme et catastrophisme** : tendance à voir "tout en noir", d'où une insatisfaction permanente.
- **L'envie** et l'incapacité de se réjouir sincèrement des succès des autres.
- **"Jouer à l'Indien"** : faire semblant de ne pas comprendre quelque chose ou d'oublier quelque chose afin de ne pas effectuer une certaine action sans prendre une position claire.
- **Procrastination :** tendance à reporter et à différer les actions et les décisions.
- **Communication floue et peu claire** avec des tentatives fréquentes d'atteindre ses propres objectifs sans montrer ouvertement ses intentions.
- **Les mensonges, les faussetés et les manipulations** utilisés pour persuader l'autre que les actions et les décisions ne sont prises que "pour le bien de l'autre" ou, en tout cas, les tentatives de convaincre l'autre de faire ou de ne pas faire quelque chose en invoquant des raisons autres que les vraies.
- **Résistance et sabotage** non explicite. Par exemple, ne pas être d'accord avec certaines décisions prises par d'autres, mais ne pas les soutenir ou "ramer contre" en essayant de cacher ce comportement.
- **Ingratitude** : tendance à ne pas apprécier ou reconnaître l'aide et le soutien reçus, et même à considérer ceux qui aident avec suspicion.

- **Relations ambivalentes caractérisées par un contrôle manipulateur de l'autre et une dépendance émotionnelle** dans le but de continuer à "être protégé" par l'autre et de l'amener à satisfaire ses besoins sans les exprimer clairement.
- **Provocation non explicite** : tentatives fréquentes de provoquer et de faire perdre son sang-froid à l'interlocuteur en "jetant la pierre et en cachant la main" et en paraissant calme et presque surpris par les réactions délibérément provoquées chez les autres.
- **"Mettre dans la bouche de l'autre" des mots qu'il n'a pas dits** pour susciter la culpabilité ou justifier sa réaction à une certaine communication, ou pour souligner sa position de victime impuissante injustement attaquée.
- Utilisation du **silence** comme forme de punition ou de remontrance, ne permettant aucune prise de position explicite.

Une fois que les principales caractéristiques de la personne ayant un comportement passif-agressif prédominant ont été décrites, il n'est pas difficile de comprendre que la relation avec ce type de personne est certainement un grand défi.

Le risque est de céder aux provocations plus ou moins explicites de ce type de personne et de réagir avec colère ou de se décourager devant l'extrême difficulté à entrer en relation avec elle.

D'autre part, il est important de trouver un moyen de communiquer avec ces personnes, surtout si l'on est en quelque sorte "obligé" d'entrer fréquemment en contact avec elles, comme dans le cas d'un parent, d'un ex-conjoint avec lequel on partage le rôle parental, d'un employeur, etc.

S'arrêter à juger négativement ces personnes et à critiquer leurs attitudes ne fera qu'exacerber nos sentiments de colère et d'impuissance.

Ce qui peut nous aider, en revanche, c'est de comprendre que ces attitudes découlent de difficultés intérieures que ces personnes ne parviennent pas à régler autrement. Il suffit de dire que, dans un passé récent, le comportement passif-agressif a été répertorié dans le manuel des troubles mentaux (DSM) comme un véritable trouble. Dans la version V du DSM, il n'est plus présent, mais il est clair qu'il s'agit d'un comportement qui résulte d'un malaise. L'expérience du passif-agressif est souvent celle d'un sentiment d'incompréhension et de traitement injuste dans l'incapacité de se percevoir comme un agent et non simplement comme une victime de toutes les circonstances qu'il se trouve à vivre. Ce type de personne éprouve souvent de fortes frustrations et des difficultés dans ses relations, tant privées que professionnelles. La dualité entre le besoin de se sentir protégé et pris en charge et le besoin d'autonomie est une source constante de frustration et renforce le sentiment d'inadéquation. En même temps, le pessimisme et le négativisme omniprésents, dus à la prophétie auto-réalisatrice, sont à la base d'échecs continuels qui confirment l'hypothèse initiale d'être malchanceux et/ou inadéquat.

Il faut être patient avec ces personnes, comme avec les comportements passifs ou agressifs. La compréhension, cependant, comprise en termes d'empathie très évidente, risque de faire de nous des proies faciles pour ces personnes qui voient leur comportement "renforcé" par des attitudes de sympathie et de soutien.

COMMENT INTERAGIR AVEC LES PERSONNES PASSIVES-AGRESSIVES

Interagir avec des personnes passives-agressives peut être difficile et stimulant, et normalement désagréable. Cependant, comme nous l'avons déjà mentionné, il peut arriver que les relations avec ce type de personnes, en raison de leur rôle familial ou professionnel, soient importantes à gérer au mieux. Il existe quelques indications générales qui, bien évidemment déclinées de manière différente selon les cas, peuvent nous aider à garder notre calme, à contenir les problèmes et, dans le meilleur des cas, à réussir à créer un équilibre et une forme de collaboration profitable.

Ce qu'il ne faut PAS faire :

Ne jugez pas / n'accusez pas : accuser trop directement une personne passive agressive, par exemple en la traitant de menteur ou de manipulateur, ne fera que stimuler son statut de victime et sa quête pour nous intimider ou se venger de nous.

Ne pas être intimidé et faible : Se justifier excessivement et être faible et hésitant devant une personne passive-agressive peut consolider l'idée qu'elle peut faire ce qu'elle veut de nous car elle aura l'impression que ses manipulations fonctionnent. Cela l'encouragera à aller de l'avant avec ses propres machinations plutôt que de chercher un accord dans un esprit de coopération et de transparence.

Ne pas faire preuve d'indulgence/de compréhension excessive : répondre sur le ton du point par point, et prendre au sérieux, ou avec beaucoup d'empathie, chaque extériorisation de l'agressif passif, lorsqu'il entre dans son mode, peut être contre-productif car il agit comme un renforcement des attitudes qu'il manifeste. Être trop indulgent et sympathique sans fixer avec assurance les limites d'un comportement que nous ne trouvons pas acceptable peut aggraver la situation au lieu de l'améliorer en convainquant la personne que sa stratégie, après tout, "fonctionne".

Le remplacer et réparer constamment ses dégâts : cette attitude, que nous pourrions qualifier de "soignante", bien que compréhensible lorsque la personne passive agressive est un partenaire, un enfant ou en tout cas quelqu'un que nous aimons et que nous ne voulons pas voir en difficulté, ne favorise pas la prise de conscience et la maturité. Au contraire, avec le temps, elle renforce et stimule la répétition de certains comportements, puisqu'il y a quelqu'un à l'extérieur qui, loin de décourager certains comportements, les encourage en remédiant à tous les problèmes que ces comportements créent.

Ce qui peut être fait :

Rester calme : Face aux attitudes couramment adoptées par les personnes passives-agressives, telles que la manipulation, le déni, les excuses, le jeu de la victime et le rejet de la faute sur l'autre personne, il est très courant de perdre son sang-froid, de devenir nerveux et de se mettre en colère. Souvent, l'intention plus ou moins explicite de ces actions est provocatrice. Rester calme n'est donc pas toujours facile, mais c'est très important et cela vous aidera à penser au fait que ce sont des personnes en difficulté et à essayer de ne pas le prendre personnellement.

Rester fidèle à soi-même : Un autre aspect important, face à des attitudes agressives passives, est de ne pas céder à la provocation en commençant à se comporter de manière non assertive en attaquant l'autre personne, en mentant, etc. Comme toujours, rester assertif est certainement la meilleure arme. Comme toujours, rester assertif est la meilleure arme. Il est parfois nécessaire de ne pas trop compatir et de ne pas accorder trop de confiance à l'autre personne, sachant qu'elle ne l'utilisera pas pour le bien commun mais seulement pour le sien, l'important est de rester fidèle à soi-même et de ne pas commencer à se comporter d'une manière que nous n'approuvons pas.

S'exprimer clairement : bien que l'interlocuteur puisse mentir ou être vague dans ses propos, nous essayons de rester clairs et sincères en expliquant nos intentions. Vous pouvez proposer des options de manière très transparente et obliger le passif-agressif à prendre une position claire.

Motiver ses actions/décisions sans se justifier : Expliquer et motiver ses positions de manière claire, sincère et directe est un moyen très efficace de faire face à une personne passive-agressive.

Exprimer sa pensée de manière calme et cohérente a pour effet de mettre à l'aise et de rassurer la personne en difficulté, et l'encourage à sortir du conflit et à rechercher un terrain d'entente.

Dédramatiser la situation : la capacité à dédramatiser la situation, par exemple lorsque l'interlocuteur essaie d'être perçu comme une victime ou de dépeindre la situation de manière dramatique, peut parfois être un bon moyen de rompre et de ramener la sérénité dans la conversation, pour autant que l'on ne finisse pas par rabaisser ou offenser l'autre personne ou par se moquer d'elle.

Recommander un spécialiste, quelqu'un qui peut aider cette personne à prendre conscience de ce qu'elle fait et des résultats réels de son comportement, est une intervention qui ne doit être réservée qu'aux cas où il existe une relation de confiance avec la personne. Il est également approprié de proposer une telle intervention de manière douce et non chantante.

PARLER EN PUBLIC : 3 stratégies à appliquer dès maintenant

Parler en public est une activité qui, en général, effraie souvent ceux qui s'apprêtent à le faire. Si vous avez cette crainte, vous êtes en très bonne compagnie. Dans mon expérience professionnelle, j'ai rencontré de nombreuses personnes, y compris des professionnels respectés et reconnus, qui trouvent cela difficile.

Il existe des peurs tellement extrêmes qu'elles nécessitent une aide professionnelle spécifique, tout comme il existe des formations, des conférences et des lectures ad hoc sur ce sujet précis, alors loin de moi l'idée de prétendre vouloir le liquider de manière exhaustive en quelques lignes. Toutefois, j'aimerais apporter une contribution modeste mais efficace dans ce domaine également, car je sais que de nombreuses personnes qui souffrent de difficultés de communication ont également ce problème.

En résumé, je voudrais attirer l'attention sur trois points que je considère très importants pour pouvoir affronter et surmonter, peut-être progressivement, la peur de parler devant d'autres personnes.

1. Sensibilisation

Le premier aspect important, souvent considéré comme acquis et sous-estimé, est la prise de conscience de ce "problème".

Vous êtes-vous déjà demandé depuis combien de temps elle était présente dans votre vie ?

Qu'est-ce qui a pu causer cela ?

Vous souvenez-vous d'un épisode particulier au cours duquel vous vous êtes sentie mal à l'aise devant d'autres personnes ?

Certaines personnes, en répondant à ces questions, sont capables d'identifier des souvenirs "traumatisants" datant d'il y a longtemps : un mauvais contrôle à l'école, une pièce de théâtre au cours de laquelle elles ne se souvenaient pas de leur rôle et d'autres épisodes similaires. Dans ce cas, lorsqu'on est capable d'identifier un souvenir, souvent émotionnellement significatif, il est plus facile d'expliquer l'origine de ses peurs et de réfuter, au moins rationnellement, les arguments. Le fait que cela soit arrivé une fois signifie-t-il que vous êtes nécessairement un empoté (ou tout autre jugement négatif que vous vous attribuez) ?

Cela signifie-t-il que ce sera toujours comme ça à n'importe quelle autre occasion ?

Je pense que vous répondez déjà non mentalement (ou encore mieux, par écrit) à ces questions.

Ce qui s'est passé, précisément parce qu'il peut s'agir d'un souvenir particulièrement fort et significatif, fait que notre mémoire et notre attention sélective se focalisent sur toutes les peurs et tous les aspects négatifs de la prise de parole devant les autres et cela va entretenir les peurs dans le temps, tout comme cela va entretenir les peurs de ne plus essayer (si je n'essaie pas, comment puis-je voir si c'est toujours le cas ?). Prendre conscience de ces aspects nous aide à CONFONDRE la pensée "Je ne suis pas capable de parler en public" et à nous faire comprendre que ce n'est pas une vérité, c'est juste une pensée et une pensée peut être changée, elle ne peut pas être "prise pour vraie". D'autres fois, il n'est pas si facile de retrouver le souvenir spécifique lié à cette croyance, mais ce n'est pas important, ce qui compte c'est d'apporter de la conscience et de la rationalité à une pensée qui, la plupart du temps, n'a rien de réaliste ou d'utile.

2. Gradualité et formation

Cela peut également sembler assez banal, mais en matière de prise de parole en public, un entraînement progressif peut être crucial. Jeter une personne qui craint de parler en public sur une scène devant 3000 personnes peut être un excellent moyen de se débarrasser de sa peur, mais cela peut aussi être une expérience traumatisante qui fera que la personne ne tentera plus jamais rien de tel (tout comme jeter une personne qui a peur de l'eau dans la mer profonde...).

Une approche beaucoup plus "prudente" pourrait être une approche graduelle, c'est-à-dire s'entraîner progressivement à parler d'abord devant quelques personnes que l'on connaît bien, puis élargir progressivement le cercle jusqu'à atteindre un "public" plus large et moins connu. Pensons aux groupes musicaux les plus célèbres : ils ont tous commencé par faire écouter quelques chansons à un ami ou à une mère, puis ils ont joué dans le pub local et, pour les plus célèbres, ils ont rempli des stades entiers avec des milliers de spectateurs payants.

Il est important qu'à chaque fois, avant de passer à l'étape suivante (augmenter le nombre de personnes qui nous écoutent ou diminuer le degré de connaissance et de confiance que l'on a d'elles), on s'habitue à l'étape précédente. Si vous répétez l'expérience plusieurs fois, vous devez vous assurer qu'elle n'est plus "stressante", c'est-à-dire que même si elle peut encore être un peu "excitante", elle ne produit pas une forte agitation. Chaque fois que vous acquérez la sérénité et le naturel, vous pouvez passer à l'étape suivante.

L'habitude de "répéter à voix haute" ou de "répéter à un parent", que de nombreuses personnes ont prise à l'école, peut également être une bonne pratique. Contrairement à ce que l'on pourrait croire, le simple fait d'IMAGINER mentalement, peut-être plusieurs fois, la situation dans laquelle vous allez vous trouver peut également vous aider à vous familiariser avec ce contexte et à améliorer vos performances. De nombreuses études menées sur des athlètes ont montré que le simple fait de visualiser mentalement un entraînement produit des changements physiologiques similaires à l'exécution réelle des actions imaginées.

3. Organisation et clarté

Un autre aspect très utile pour réduire, souvent au point de l'éliminer avec le temps, la peur de parler devant les autres est l'aspect de la clarté et de l'organisation.

Plus on aura à l'esprit les points à traiter dans son discours, plus on aura le sentiment de maîtriser la situation et l'idée se formera dans l'esprit que, quoi qu'il arrive, nous saurons ce que nous avons à dire.

Parfois, un schéma ultra-synthétique de quelques points peut également être utile à mémoriser, afin de ne jamais se sentir "perdu", même en cas de grande agitation ou lorsque les équipements tels que les projecteurs, les tableaux blancs interactifs, etc. ne fonctionnent pas.

En conclusion, comme nous le verrons, il est également important de considérer que, généralement, plus une personne a de l'estime pour elle-même, plus elle se sent en confiance devant un large public. C'est pourquoi le fait d'entraîner et de renforcer son estime de soi grâce à tous les outils proposés se traduira naturellement par une plus grande sérénité et une meilleure confiance en soi, même devant un large public.

CAPITOLE 20 :

L'AFFIRMATION DE SOI EST L'ESTIME DE SOI

Après avoir appris et commencé à appliquer les principes de base de la communication assertive, il est généralement facile de comprendre le rôle que joue cette méthode de communication efficace dans le renforcement de l'estime de soi de ceux qui l'utilisent.

En particulier, ce qui se passe, c'est que tant ceux qui adoptent un comportement agressif que ceux qui adoptent un comportement passif, n'ont généralement pas une bonne estime d'eux-mêmes et, par conséquent, réagissent facilement aux événements de manière déséquilibrée, tendant soit à écraser l'autre soit à s'écraser eux-mêmes, continuant à établir des relations de manière absolument déséquilibrée.

Commencer à se comporter de manière assertive est un moyen très efficace de sortir progressivement des principaux cercles vicieux qui maintiennent une faible estime de soi chez les personnes passives et agressives.

Exemple (Sortir du cercle vicieux de la passivité)

Le cercle vicieux :

Je pense que je ne vaux rien ⟹ alors je n'exprime pas mes idées dans les réunions au travail

Plus je n'exprime pas mes idées ➡ plus j'ai l'impression que tout se passe dans l'entreprise sans moi, et plus j'ai ce sentiment, plus je pense que je ne vaux rien, ce qui confirme l'hypothèse de départ

Sortir du cercle vicieux grâce à des stratégies d'affirmation de soi :

Je ne pense pas valoir grand-chose, MAIS ➡ lors d'une réunion, j'exprime mes idées de manière respectueuse et calme. ➡ Plus j'exprime mes idées, plus il me semble que, tout bien considéré, il n'y a rien de mal à cela et, au contraire, je me donne la possibilité d'être écouté et ➡ ce sentiment d'être écouté commence à infirmer l'hypothèse initiale d'être sans valeur, renforçant les comportements futurs dans lesquels je vais exprimer mon opinion, donnant lieu à un cercle vertueux.

Exemple (Sortir du cercle vicieux de l'agressivité)

Je pense que personne ne m'aime vraiment, alors ➡ quand mon petit ami ne répond pas à un message, je pense immédiatement que c'est parce qu'il ne s'intéresse pas à moi et je me sens offensée ➡ ce qui me fait me sentir très mal et je me mets très en colère, l'accusant de ➡ non ne pas m'aimer vraiment, et il se sent injustement accusé et réagit en me traitant d'idiote et en élevant la voix. ➡ Ce comportement de sa part confirme que personne ne m'aime vraiment.

Sortir du cercle vicieux grâce à des stratégies d'affirmation de soi :

Je pense que personne ne m'aime vraiment et ➡ quand mon petit ami ne répond pas à un message, je pense immédiatement qu'il le fait par désintérêt et je me sens offensée ➡ alors je me sens mal et je suis très en colère MAIS j'essaie de ne pas l'accuser et d'exprimer mes émotions de manière assertive (par exemple avec le "message je") ➡ à ce moment-là il comprend mon malaise et s'ouvre à la confrontation ➡ Ces comportements de sa part DISconfirment l'idée que personne ne m'aime vraiment.

CONCLUSIONS

L'apprentissage des techniques de communication assertive est un processus, un chemin qui avance pas à pas et dans lequel chaque action et chaque comportement communicatif ouvre la voie au suivant.

Le conseil que je peux vous donner est donc d'avancer sans hâte, mais sans relâche, en appréciant le "voyage".

Vous avez tout ce qu'il faut savoir pour commencer votre voyage vers le changement maintenant, vous pouvez commencer par des comportements de communication assertive, de manière douce et progressive, même si, pour le moment, ce n'est pas ce que vous avez envie de faire. "Fake it until you make it", disent les anglo-saxons, "Faites-le en faisant semblant, jusqu'à ce que vous le fassiez spontanément", faites-le même si vous ne le sentez pas "naturellement", alors l'habitude prendra le dessus et elle influencera positivement "qui vous êtes" et comment vous vous sentez, rendant les améliorations acquises de plus en plus évidentes et permanentes.

Si vous souhaitez en savoir plus ou sensibiliser votre entourage ou votre entreprise, découvrez mon cours en ligne gratuit "Communiquer pour être heureux" (dans lequel vous trouverez toutes les facettes du sujet) à l'adresse www.studioebio.it/landinglancio ou contactez-moi pour une consultation personnelle via mes canaux sociaux ou en écrivant à : federica@studioebio.it.

Copyright et Disclaimer

Avis de non-responsabilité :

Veuillez noter que les informations contenues dans ce document ne sont données qu'à titre indicatif. Tous les efforts ont été faits pour présenter des informations exactes, à jour, fiables et complètes. En lisant ce document, le lecteur accepte qu'en aucun cas l'auteur ne soit tenu responsable de toute perte ou dommage, direct ou indirect, résultant de l'utilisation des informations contenues dans ce document, y compris, mais sans s'y limiter, - les erreurs, omissions ou inexactitudes.

Les lecteurs reconnaissent que l'auteur <u>n'a pas</u> l'intention de fournir des conseils juridiques, financiers, médicaux ou professionnels qui se substituent à une consultation personnelle avec un professionnel. Le contenu de cet ouvrage est issu de diverses sources ainsi que de l'expérience professionnelle directe. Il est toujours conseillé de consulter un professionnel agréé avant d'essayer une technique.

www.ingramcontent.com/pod-product-compliance
Lightning Source LLC
Chambersburg PA
CBHW062357220526
45472CB00008B/1841